つぶつぶ雑穀粉で作る
スイーツとパン

砂糖、卵、乳製品なしがおいしい100％ナチュラルレシピ

大谷ゆみこ

学陽書房

学陽書房の好評既刊！

つぶつぶ雑穀スープ
野菜＋雑穀で作る簡単おいしいナチュラルレシピ

ヒエ、キビ、アワ、高キビ……人気食材、エコ食材の雑穀と身近な野菜を組み合わせ、手軽な一鍋クッキングで驚くような自然のうま味と栄養がつまった簡単シンプルの雑穀つぶつぶスープ。大地のエネルギーに満ちた体も心もぐんぐん元気になるスープレシピがいっぱい！

大谷ゆみこ 著
A5判並製88頁 定価＝本体1500円＋税

つぶつぶ雑穀甘酒スイーツ
甘さがおいしい驚きの簡単スイーツレシピ

あまりご飯で簡単にできる繊維とミネラルたっぷりの甘味料「つぶつぶ甘酒」を使って楽しむノーアルコール、ノーシュガーの植物性素材100％スイーツ。各種和洋菓子からアイスクリームまで作れて、ダイエット中の人、アトピーに悩む人には、とくにオススメのレシピ集。

大谷ゆみこ 著
A5判並製80頁 定価＝本体1500円＋税

つぶつぶ雑穀ごちそうごはん
野菜と雑穀がおいしい！ 簡単炊き込みごはんと絶品おかず

炊飯器にいつものごはんと雑穀、野菜を入れてスイッチ・ポン！ そのままメインディッシュになるふっくらおいしい新感覚の簡単炊き込みごはんと、炊き込みごはんを活用して作る人気おかずのレシピが満載。自然の恵みとうま味が詰まって、感動的なおいしさです。

大谷ゆみこ 著
A5判並製80頁 定価＝本体1500円＋税

大谷ゆみこ（おおたに・ゆみこ）
暮らしの探検家・食デザイナー

日本の伝統食である雑穀に「つぶつぶ」という愛称をつけ、数千点におよぶ「つぶつぶベジタリアン」レシピを創作、体と地球に平和を取り戻す「ピースフード」として提唱。とびきりおいしくて、おしゃれで、シンプル＆ダイナミックな未来食流食卓術のファンが全国で急増している。1995年、「ピースフードアクションnet.いるふぁ」の設立を呼びかけ、いのちを輝かせるおいしさを伝えるさまざまな活動を展開。「未来食サバイバルセミナー」の運営に力を入れている。雑穀を社会現象にするための新しいアプローチとして、2004年3月に雑穀料理と暮らしの専門誌「つぶつぶ」を発刊。2006年からは「つぶつぶカフェ 世界の街角計画」推進中。東京と長野で「つぶつぶカフェ」を運営。2007年4月からSKY PerfecTV!のCh241（ハッピー241）において「キッチンから未来が変わる! 大谷ゆみこの雑穀グルメクッキング──伝えたい! いのちを輝かせるおいしさ」が放送スタート。
大谷ゆみこのつぶつぶレシピ＆グルメエッセイメルマガ「雑穀大好き! つぶつぶ大好き! いのちを輝かせるおいしさ」の人気も上昇中!
http://www.tsubutsubu.jp

つぶつぶ雑穀粉で作る スイーツとパン

砂糖、卵、乳製品なしがおいしい100％ナチュラルレシピ

2007年6月18日　初版発行
2024年5月8日　9刷発行

著　者	大谷ゆみこ
デザイン	原圭吾（SCHOOL）、山下祐子
撮影	吉田彩子
調理協力	河井美香、小林綾子、橋本光江
協力	いるふぁ未来食研究会
発行者	佐久間重嘉
発行所	株式会社 学陽書房
	東京都千代田区飯田橋1-9-3 〒102-0072
	営業部　TEL03-3261-1111　FAX03-5211-3300
	編集部　TEL03-3261-1112　FAX03-5211-3301
印刷・製本	三省堂印刷

Ⓒ Yumiko Otani 2007, Printed in Japan
ISBN978-4-313-87119-9 C2077

乱丁・落丁本は、送料小社負担にてお取り替えいたします。
定価はカバーに表示してあります。

おわりに

ヒエの粉を、ジュースで溶いて煮る。
なんで、そんなことをやってみようと考えたのかなぁ？
今でも不思議です。

くず粉を煮た経験をたよりに4倍の量のジュースで
ヒエ粉を溶いて煮てみたら、
みるみるクリームになって、
やったー！ と小躍り。
幸運にも、最初からどんぴしゃりのかたさと煮え加減で
おいしいババロアができました。
でも、いつも安定した、おいしいカスタードや
ババロアが作れるようになるまでには、
せっせとたいらげてくれる子どもたちの協力が山のように必要でした。
あれっ、なんでざらついちゃったんだろう！
あれっ、表面がしわしわになっちゃった！
油断していたら、表面にかたい膜が張って、混ぜてもクリーミーにならない！
おかげで、ヒエ粉と大の仲よしになって、
こんなにたくさんのレシピを、自由自在に生み出せるようになりました。
失敗しても、おいしいヒエ粉のおかげです。
ちょっとのことで違った仕上がりを見せるので、
いつでも緊張、ワクワク……
食べる前から、たくさんの感動というごちそうを
満喫してできたレシピたちです。

気負わずに、雑穀粉たちと楽しく遊んでみてください。

大谷 ゆみこ

TUBU TUBU - INFORMATION -

Shopping

本物の食材が揃う、おいしい雑穀専門 通販サイト
未来食ショップ つぶつぶ
https://www.tsubutsubu-shop.jp オンラインショップ

Lessons

経験豊富な公認講師から つぶつぶ料理の技を習える
おいしい、カンタン！雑穀料理レッスン＆セミナー
つぶつぶ料理教室
https://tubutubu-cooking.jp 全国各地

100% 植物性 (VEGAN)、食材はすべてオーガニック＆ナチュラルを基準に乳製品・卵・砂糖・動物性食品・添加物不使用です。

３６５毎朝届く！
無料レシピメルマガ 配信中！

毎日の「食べる」が楽しくなる料理や食べ方のヒント付き。

http://go.tubu-tubu.net/recipemail_gbook

雑穀 × ビーガン × おいしい！
肉・魚・乳製品・卵など動物性食品不使用、砂糖不使用、添加物不使用の未来食つぶつぶレシピ３０００種類の中から厳選した、季節の野菜料理、雑穀料理、ナチュラルスイーツレシピなどを毎日お届けします。

つぶつぶ入会案内

会員限定クーポンがもらえたり、各種イベント・セミナーに参加できます。
≫ ご入会はこちら　https://www.tsubutsubu.jp/kaiin

雑穀が主役のおいしいビーガン料理！つぶつぶグルメしましょ！

つぶつぶ料理教室

雑穀 × ビーガン × おいしい料理レッスン

全国 **80ヵ所** 以上で開講中！
2020.1月現在

心とカラダが喜ぶ、家族の笑顔をつくる、おいしい雑穀料理とノンシュガースイーツを学ぶ

♥ まずはここから！ 講義と試食とミニデモンストレーションで気軽に参加♪
つぶつぶ料理体験レッスン　全国一律 3,500円

HPからのお申込みで **500円OFF**

♥ 全国どこでも好きなときに、好きな場所、好きな内容のレッスンを
1回完結！単発レッスン　1回 4,000円〜
※レッスンごとに異なります。

♥ 継続した学びの場、一人一人に寄り添った学びを講師がサポートします
公式コースレッスン　※認定講師のいる教室でのみ開講します

詳しくはこちら ▶▶ https://tubutubu-cooking.jp/pages/courselesson

つぶつぶ料理教室の**レッスンスタイル**は **デモンストレーション** と **講義** と **試食**

講師の作る姿を見てプロセスのイメージを掴むという方法です。
切り方のコツ、火加減、水加減、入れる順番の意味、仕上がりの見極め方など、全プロセスをしっかり見ることができます。出来上がった瞬間の味を確認し、講師がつくった料理を味わうことで正しい美味しさのゴールを知ることが出来ます。料理初心者も料理好きの方も五感を真っ白にして学べます。＊食物アレルギー対応いたします。ご相談ください。

日本ベジタリアン学会指定校　　**乳製品・卵・砂糖・動物性食品・添加物不使用**

♪ 舌にも体にも心にもおいしい料理です
♪ 体と心と地球をまとめて元気にします
♪ シンプルな食理論と料理術があります
♪ 4世代で実践35年の歴史があります

ー信頼できる公認講師ー
つぶつぶの実践を日常から楽しみ、養成講座で学びを積んだ、つぶつぶ公認講師「つぶつぶマザー」「つぶつぶ料理コーチ」がお伝えします。

入会金不要。すべての教室・お好きなレッスンへいつでもご参加いただけます。
つぶつぶ料理教室公式サイトで簡単教室＆レッスン情報Check!! ▶▶

https://tubutubu-cooking.jp 　つぶつぶ料理教室　検索

※類似教室にご注意ください。

おいしい雑穀専門店 未来食ショップつぶつぶ 厳選！

 ヒエ
体を温める力が一番強い。
クセのないミルキーな食感。

 もちキビ
コレステロールを下げる
効果がある。

 もちアワ
血液循環を良くし、母乳の出を
良くする効果がある。

 うるちアワ
鉄分が多い。歯ごたえのある
プチプチとした食感。

 高キビ
アミノ酸に富み、解毒力が高い。
弾力のあるキュッとした食感。

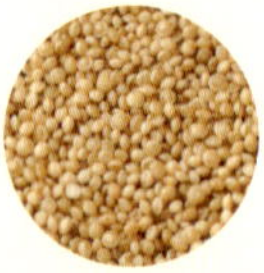

アマランサス
食物繊維とミネラルが多く、
ふやけないのが特徴。

 五穀
ごはんに混ぜると
栄養価さらにアップ！

 キヌア
食物繊維とミネラルの多さが
抜群のふやけない雑穀。

 粒ソバ
心臓を強化するといわ
れるルチンを含む。

 黒米
もち米の先祖。
強い抗酸化力がある。

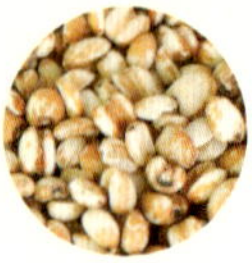

 ハト麦
肌を美しくする
美容効果がある。

 生命のルールを守る

 透明でフェアな生産と流通

 国内産へのこだわり

 動物性食品不使用

 砂糖類不使用

つぶつぶのポリシー　POLICY

1、適正価格で全量買い取ることによって
　　雑穀栽培の輪を広げる

2、雑穀の価値とおいしさ、料理法を伝え、
　　つぶつぶ食生活実践者の輪を広げる

3、雑穀栽培者とつぶつぶ食生活実践者の
　　顔の見える流通ネットワークを育てる

オンライン通販サイト

未来食ショップ つぶつぶ

雑穀の通販なら「つぶつぶ」をご利用ください。
「つぶつぶ」は、これまで約30年の普及活動を経て、
農薬不使用のおいしい国産雑穀を皆様のご家庭にお届けしています。

つぶつぶ雑穀1カップシリーズ

1カップシリーズはここが違う！おいしさの秘密

国産、農薬不使用
安心の国産、農薬不使用。真心をこめて育てられた雑穀は、おいしさが違います！
※国産生産量の少ない雑穀は、海外産の有機栽培のものも取り扱っています。

顔が見える
つぶつぶの活動に賛同している生産者「つぶつぶ栽培者ネット」の雑穀、または顔の見える地域団体の雑穀です。

使いやすい量
1袋は、レシピにあわせた1カップサイズ。雑穀は炊くと2～3倍に増えるので、1カップで約10人分です。

最後にここがポイント！
生産者も、販売しているスタッフも、つぶつぶ料理教室でも、この雑穀を毎日♪おいしい♪と食べています。

お買い求めは

おいしい雑穀専門店　未来食ショップ　つぶつぶ

未来食ショップつぶつぶ　検索

www.tsubutsubu-shop.jp

私たち未来食ショップつぶつぶでは、大谷ゆみことその仲間たちが、日々の暮らしの中で実際に使用しているものだけを販売しています。どれも妥協なく選び抜いた逸品です。

中華粥に欠かせない揚げパン油条を
高キビパンの生地で小ぶりに

高キビ粉パンの油条

材料（12個分）
オーブンで焼く雑穀高キビパン（P72）の生地……1単位
揚げ油（ブレンド油：P30 ★）……適量
きな粉……適量

作り方
1 高キビパンの生地を12個に分け、10cmの長さの長方形にのばして、タテ半分に切る。
2 2枚の生地を重ねて、重ねた2枚がくっつくように包丁の背でタテに筋をつけながら押す。
3 180℃の油で、ふくらんで色づくまで揚げる。
4 分量の1%の塩（分量外）を混ぜたきな粉をまぶす。

＊オーブンで焼く雑穀高キビパン（P72）の作り方で、高キビパンの生地を発酵させる。

Point
台湾の朝ご飯レストランで、じーっと観察して覚えた油条の作り方です。ずーっとあの形がどうしてできるのか不思議でした。2枚を重ねて、タテに真ん中を包丁の背で押してくっつけます。

韓国では邪気を払い、
子どもを丈夫にするといわれてきた高キビ
高キビのパン生地に松の実とクコの実を入れて

高キビ粉の薬膳蒸しパン

材料(7個分)
オーブンで焼く雑穀高キビパン(P72)の生地……1単位
松の実……10g
クコの実……15g

作り方
1 高キビパンの生地に松の実とクコの実を混ぜる。
2 1を7個に分け、なまこ型に成形する。
3 蒸し器にならべ、表面2箇所にハサミでバッテンに切れ目を入れる。
4 蒸気の上がった蒸し器で15分蒸す。

＊オーブンで焼く雑穀高キビパン(P72)の作り方で、高キビパンの生地を発酵させる。

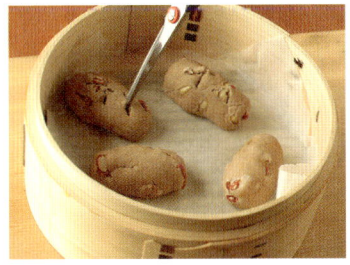

Point
お湯が煮立って蒸気がしっかり上がっている状態になった蒸し器で一気に蒸すのが、おいしい蒸しパン作りのコツです。

もちアワのとろみがおいしい新感覚ピッツァはいかが！

五穀ナンピザ

材料（4個分）
五穀入りヒエ粉のナン（P76）……4枚
ヒジキマリネ……適量
トマト……小2個
生バジル……適量
もちアワチーズ……もちアワ1/2カップ分

作り方
1 ナンの上にヒジキマリネをうすくのせる。
2 タテ半分に切って、ヨコにスライスしたトマトと生バジルをのせる。
3 もちアワチーズをかぶせて、230℃のオーブンで7分焼く。

○ヒジキマリネの作り方
1 乾燥ヒジキ15gは、もどさずに熱湯で5分ゆでる。
2 オリーブ油大さじ2、梅酢大さじ1、しょう油小さじ1/3の3つの調味料を合わせたマリネ液に、熱いうちに漬け込む。

＊保存がきき、いろいろに活用できます。

○もちアワチーズの作り方
1 鍋に水2カップを沸かし、塩小さじ1/4ともちアワ1/2カップとを入れて、木べらでかき混ぜながら煮る。
2 もちアワが水を充分に吸って、木べらで混ぜたときに鍋底が見えるようになったら、極弱火にして15分炊く。
3 火からおろして10分蒸らしたら、塩小さじ1/2を加え、大きくかき混ぜておく。

＊かたいようなら水を足して、溶けたチーズのようにとろっとなるまで火にかける。

フライパンで焼く省エネクッキングの五穀ごはん入りの雑穀ナンは
やみつきになるおいしさの新感覚パン

五穀入りヒエ粉のナン

材料(4個分)

ヒエ粉……50g
中力粉……200g
自然塩……小さじ1
天然酵母の生種……大さじ1(P70)
水……125cc(餅つき器でこねるときは100cc)
五穀ごはん(P70)……五穀1/4カップ分

作り方

1. オーブンで焼くヒエ粉＆五穀ごはんパン(P70)の作り方でパン生地を発酵させる。
2. 生地を4等分にして、ひらたくナン型にのばす。
3. フライパンに2の生地を入れ、火にかけ、フタをして弱火で10分、裏返して5分焼く。

Point
パン生地は、鍋かフライパンでも焼けるのを知っていますか。冷たいうちに生地を入れ、フタをして極弱火で焼きます。外はカリッ、中は蒸しパンのようなしっとりおいしいパンです。

オリジナルの雑穀パンで作る
オリジナルの雑穀バーガーはパテもパンも高キビ！

高キビバーガー

材料（4個分）
オーブンで焼く雑穀高キビパン（P72）のバンズ……4個
高キビパテ……4枚
粒マスタード……小さじ2
トマト味噌……大さじ8（トマト250g：麦味噌大さじ2）
キュウリ……1本
トマト……スライスしたもの4枚
レタス……4枚

作り方
パンを横にスライスし、小さじ1/2の粒マスタードを塗り、レタスをしいて高キビパテをのせ、斜めにスライスしたキュウリとトマト味噌大さじ2、さらにトマトをのせる。トマト味噌は、煮詰めたトマトかトマトピューレに麦味噌を入れて煮込んで作る。

○高キビパテの作り方
1. 高キビ1カップ、水1カップ、自然塩小さじ1/4を圧力鍋に入れ、フタをして火にかけ、蒸気が出てきたら、重りをおき、重りが回りはじめたら、ひと呼吸おき、弱火にして8分炊く。10分蒸らし、フタをあけ、さっくり混ぜておく。
2. 粗熱がとれた高キビに、小さじ1の油でさっと炒めて塩ひとつまみをふったみじん切りのタマネギ1/2個分、皮ごとすりおろしたニンジン150ｇ、小麦粉2/3カップ、パン粉1/4カップ、自然塩小さじ1と1/2を加えて混ぜる。10個に分けて丸いハンバーグ型にまとめ、多めの油で両面をこんがり焼く。フライ返しで押しつけながら焼くと、おいしく焼ける。焼く前の状態で冷凍保存できる。

パープルブラウンの粋なパンは高キビ粉入り
もちもち食感がユニーク!

オーブンで焼く
雑穀高キビパン

材料(バンズ4個分:1単位)
高キビ粉……50g
小麦粉……200g
自然塩……小さじ1
天然酵母の生種……大さじ1(P70)
水……125cc(餅つき器でこねるときは100cc)

作り方

1 ボウルに高キビ粉と小麦粉、塩、水、生種を混ぜて、生地がべとつかなくなるまで10分以上こねる。ややかための生地にする。

2 ポリ袋(密閉容器)に入れ、室温に一晩(15時間)くらいおく。生地が2〜2.5倍にふくらんで、気泡がたくさんできるのが発酵の目安。

3 生地を好みのサイズに分ける。生地の切り口を内側に入れるようにバンズ型などに丸め、とじ目を下にして、天板に並べる。

4 160℃のオーブンで10分、さらに180℃で5分焼き、盆ザルなどの上におく。

＊焼き色をこんがりつけたいときは、表面に油を塗って焼きます。
＊型から出して粗熱がとれたら、さらしに包んで密閉容器に入れておくと、次の日もかたくなりません。

Point
1次発酵の状態です。ガス抜きも2次発酵もしないで、すぐに焼いてしまいます。その方が、簡単なだけでなく、粉の味わいの残った食べごたえのあるおいしいパンになります。

かみしめるとじわっと甘い
ヒエ粉、五穀ごはん入りのプチ食パン

オーブンで焼く ヒエ粉＆五穀ごはんパン

材料（6×12.5cmのパウンド型2個分）

ヒエ粉……50g
小麦粉……200g
自然塩……小さじ1
天然酵母の生種……大さじ1
水……125cc
　（餅つき器でこねるときは100cc）

● ホシノ天然酵母の生種の起こし方
ビンにホシノ天然酵母50gと水1/2カップを入れて混ぜ、フタをゆるく閉め、あたたかいところにおく。12時間くらいたってくると、気泡が出てくる。夏場は1日、冬場は2〜3日おく。酒のような匂いがして、ブクブクと泡がたつ音がすれば、発酵完了。保管は冷蔵庫で。使うときは冷蔵庫から出して、寝ている生種が起きて、ブクブクし始めてから使うこと！

［五穀ごはん］

五穀……1/4カップ
水……2/3カップ
自然塩……ひとつまみ

● 五穀は1/2カップが炊きやすく、その場合の分量は水1カップ、自然塩小さじ1/8に。パンも倍量の500ｇ作っても手間は変わらないので、五穀ごはんを2倍の1/2カップ分作り、同じ生地で食パン、バンズパン、ナンなどに作り分けておくと便利です。

作り方

1 五穀ごはんを炊いておく。小鍋に水をわかし、塩と五穀を入れて水分がなくなるまで混ぜ、とろ火で15分炊いて火からおろし、蒸らしておく。

2 ボウルにヒエ粉と小麦粉、塩、水、生種を混ぜて、生地がべとつかなくなるまで10分以上こねる。ややかための生地にする。

3 ほとんどこねあがったら、1の炊いた五穀を加え、混ぜ込む。

4 ポリ袋（密閉容器）に入れ、室温に一晩（15時間）くらいおく。生地が2〜2.5倍にふくらんで、気泡がたくさんできるのが発酵の目安。

5 生地を4つに分ける。生地の切り口を内側に入れるようにバンズ型に丸め、とじ目を下にして、油を塗った型に2個ずつ入れる。

6 160℃のオーブンで10分、さらに180℃で5分焼き、型から出して盆ザルなどの上におく。

＊焼き色をこんがりつけたいときは、表面に油を塗って焼きます。

＊型から出して粗熱がとれたら、さらしに包んで密閉容器に入れておくと、次の日もかたくなりません。日持ちもよく、オーブンであたためると、いつでも焼きたてのおいしさが楽しめます。

Point

炊いた五穀を混ぜて練ります。五穀ごはんが入ると、しっとり蒸しパンのような焼き上がりのパンになります。雑穀のうま味と食感が加わって、食べごたえも満足度も満点のヘルシーなパンです。五穀の入らないヒエパンもさっくりしていておいしいです。

Recipes 5

雑穀粉で作る
天然酵母パン

粉の2割を雑穀に変えて、
香ばしいオリジナルパンはいかが！

国産の無漂白小麦がおいしいパン作りの基本です。日本の小麦粉はまんじゅうやうどん用の中力粉ですが、雑穀粉を混ぜれば充分おいしいオリジナルの天然酵母パンが作れます。さらに一歩進んで、五穀ごはんを練り込んでパンを焼くと、ビックリするほどおいしいと評判の、ごはん代わりに楽しめるふんわりパンができます。

薄くてもっちりやわらかい高キビ粉入りの皮をまとった
味噌あんがうまい!

味噌あんきんつば

材料(7個分)

[味噌あん]

さつまいも……120g

自然塩……小さじ1/5

味噌……小さじ2(10g)

リンゴジュース……大さじ2

[衣]

高キビ粉……20g

小麦粉……20g

水……90cc

焼き油(ブレンド油:P30 ★)……適量

作り方

1 ヒエ粉の味噌あん柏餅(P66)の要領で、ややうす味でかための味噌あんを作り、濡らした流し缶にきっちり詰めて冷蔵庫で冷やし、7等分に切る。

2 高キビ粉と小麦粉を合わせてふるって水でなめらかに溶き、衣を作る。

3 あんの各面に衣をつけ、油をうすくひいたフライパンで、順番に6面焼く。

Point
厚手のフライパンを熱し、あたたまったら火を弱め、油をうすくひき、まず1面に2の衣をつけ、弱火でパリッと乾くまで焼きます。これを、各面繰り返し、6面全部同じ要領で焼いていきます。4個並行して焼くと、手早くできます。

ヒエ粉入りの柏餅の皮は歯切れよく香ばしく
味噌あんの香り高い甘さを引き立てる

ヒエ粉の味噌あん柏餅

材料(6個分)

[皮]
ヒエ粉……100g
白玉粉……50g
自然塩……小さじ1/4
ぬるま湯……3/5カップ(120cc)

[味噌あん]
さつまいも……120g
自然塩……小さじ1/5
味噌……大さじ1と1/2
リンゴジュース……大さじ2強

作り方

[皮]
1 白玉粉に半量のぬるま湯を加えてよくこね、ヒエ粉と塩を加え、残りのぬるま湯を加えて、耳たぶくらいのかたさにこねる。
2 蒸し器に濡れぶきんをしいて、火が通りやすいように、生地を4つくらいに分けてならべ、蒸気の上がったところにのせ、強火で30分蒸す。
3 熱いうちにふきんごと取り出し、ふきんの上からよくもむ。まとまったら、冷水にさっとつけると、歯ざわりのよい扱いやすい生地になる。
4 3を6等分し、小判型(約7×10cm)にのばし、味噌あん(下記参照)をのせ、2つに折って包む。
5 柏の葉で包み、さらに10分蒸す。

＊柏の葉は、乾燥したものが菓子材料店などで売られています。お湯で煮てもどし、水につけておいて使います。

[味噌あん]
1 さつまいもは一口大に切り、塩をまぶして蒸し、マッシュする。
2 鍋にリンゴジュースと味噌を入れて溶き、1のさつまいもも加えて水分を飛ばしながら練り、あんを作る。
3 6個の俵型に丸める。

Point
こねた生地を火が通りやすいように小分けして、うすく長くのばして蒸し器で蒸します。固く搾った濡れぶきんの上におくと、生地が蒸し器にくっつかないので扱いやすく、熱い生地をこねるときにふきんが大活躍します。蒸し器は、よりおいしくなるという点からも、木や竹製の蒸籠がおすすめです。

パープルブラウンのお団子と、ライトブラウンのきな粉蜜
見た目も味わいも新鮮なおしゃれお団子

高キビ串団子

材料（16個分）

[団子]

高キビ粉……30g
米粉……70g
自然塩……小さじ1/8
ぬるま湯……75cc

[きな粉蜜]

きな粉……10g
米飴……40g

作り方

1 高キビ粉、米粉、塩を合わせ、少しずつぬるま湯を加え、耳たぶくらいのかたさにこねる。
2 1の団子の生地をちぎって、濡れぶきんをしいた蒸し器にならべ（P66のPoint参照）、蒸気の上がったところでのせて、強火で30分蒸す。
3 ふきんごと取り出して、熱々のうちにふきんの上からよくもむ。
4 手水をつけ、一口大に丸めて串に刺す。
5 きな粉と米飴を合わせ、4にかける。

Point
きな粉と米飴を混ぜます。最初は粉っぽくてまとまりにくく感じますが、だんだんなめらかなどろりとした蜜になります。

パープルブラウンの高キビ粉入り白玉はつるんとしているけれど
歯ごたえも香りも味わいもしっかり楽しめる

高キビ白玉

材料(15個分)

[生地]

高キビ粉……50g
白玉粉……50g
自然塩……小さじ1/8
ぬるま湯……2/5カップ (80cc)

[ごま蜜]

黒ごまペースト……大さじ4
米飴……大さじ6
水……大さじ2
しょう油……小さじ2
自然塩……小さじ1/8

作り方

1. 高キビ粉、白玉粉、塩を合わせ、ぬるま湯を入れて練り、一口大に丸める。丸めるとき、平らにして、最後に真ん中を指で押してくぼませる。
2. 沸騰したお湯に1を入れて、浮かび上がってから2分くらいゆで、冷水にとり、ザルにあげる。
3. すり鉢にごま蜜の材料を順番に入れて混ぜ、ごま蜜を作る。
4. 2に3のごま蜜をかけていただく。

Point
ヘルシー甘味の米飴は、砂糖や蜂蜜とくらべるとソフトな甘さなので、蜜としてはものたりないのですが、ごまの風味としょう油の香り高い塩味を加えることで、黒蜜を超えた甘さを楽しめます。

包んで蒸して、混ぜて蒸して、さつまいものホコホコと、
雑穀生地の弾力のあるおいしさが融け合って

雑穀生地のいきなり蒸しまんじゅう2種

包み蒸しまんじゅう

材料(6個分)

[生地]
高キビ粉(またはヒエ粉)……20g
小麦粉……80g
自然塩……小さじ1/3
熱湯……2/5カップ(80cc)

[フィリング]
さつまいも……1cmの輪切り6個(約200g)
自然塩……小さじ2/5(重量の1%)

[クルミ味噌]
麦味噌……大さじ1(15g)
クルミ……15g

作り方

1 高キビ粉、小麦粉、塩を合わせ、熱湯を一気に入れてこねる。
2 さつまいもは皮ごと輪切りにして塩をまぶす。
3 1を棒状にして6等分し、麺棒などでさつまいもの直径の倍くらいの大きさに丸くのばし(厚さの目安は1mm)、さつまいもを包む。
4 蒸気の上がった蒸し器で20分蒸す。
5 クルミを煎り、半量はすりつぶし、残りの半量は粗く刻んで、麦味噌に混ぜる。
6 蒸しあがったまんじゅうを皿に盛り、5のクルミ味噌をのせる。

コロコロ蒸しまんじゅう

材料(10個分)

[生地]
ヒエ粉(または高キビ粉)……20g
小麦粉……80g
自然塩……小さじ1/3
熱湯……2/5カップ(80cc)

さつまいも……180g
自然塩……小さじ1/3(サツマイモの重さの1%)
レーズン……30g
クルミ……30g

作り方

1 ヒエ粉、小麦粉、塩を合わせ、熱湯を一気に入れてこねる。
2 さつまいもは皮ごと1.5cm角に切り、塩をまぶす。
3 レーズンは粗く刻む。クルミは煎って、4つに切る。
4 1の生地に、2と3をよく混ぜる。
5 10等分して丸く握り、蒸気の上がっている蒸し器で20分蒸す。

Point
一見、具が多くてまとまらないように見えますが、この割合がおいしさの秘密です。具を生地でつなぐイメージで、生地に具をうめ込んでいくようにまとめます。

Recipes 4

雑穀粉の風味を楽しむ
和菓子いろいろ

アースカラーのオシャレで簡単な
お団子バリエーション

雑穀の粉は、米粉の仲間なので、和菓子の材料に最適です。ヒエ粉は米粉、高キビ粉はもち粉の性質をもっています。精白した米粉やもち粉に2割混ぜると、風味も味も栄養価もぐーんとアップ！
アースカラーのお団子バリエーションが、いろいろ楽しめます。

雑穀粉いろいろ 個性豊かな風味、食感、味わいを楽しみましょう!

ソバ粉

ソバのデンプンは水温くらいの低温でもアルファ化するので、熱湯で練るだけですぐ食べられます。たんぱく質と脂肪が多いので、ソバ粉を使うと卵なしでコクのあるクレープやパンケーキが作れてしまいます。また、水にさっと溶けるので、扱いやすいというメリットもあります。心臓病や動脈硬化症を予防するといわれるルチンを含む唯一の粉です。

アワ粉

うるちアワの粉。淡いクリーム色で、火を通すとより色が濃くなります。鉄分が多いので造血効果も期待できます。クセがなく、ほんのり甘いチーズ風味が魅力。雑穀の中で一番甘みがあるので、スイーツにはぴったり。ほとんどヒエ粉と同じように活用できます。3分くらいから煎りすると、よりおいしくなります。

もち粉

もち米の粉です。ぎゅうひ粉ともいいます。水で練って蒸してつくだけで、お餅が作れます。大福の皮はもち粉で作りますが、ヒエ粉や高キビ粉を混ぜると食物繊維をはじめ不足の栄養が補われ、色合いも風味も楽しいお餅になっておすすめです。

コーン粉

トウモロコシをひいた黄色い粉。鮮やかな黄色と、粉のきめがやや粗いのが特徴。ソバがきのようにお湯で練って固めたものを、アフリカではウガリとよんで主食にしていたり、イタリアでは1cmの厚さの板状に固めたものをポレンタとよんで、ステーキやフライなどにしておかずにしています。中南米の主食トルティーリャやタコスも、もともとはコーン粉で作られていました。

米粉

うるち米の粉です。お団子や柏餅の皮の生地などに活躍します。ヒエ粉を混ぜると、甘く歯切れのいいお団子になりますし、高キビ粉を混ぜると、もちもちした食感が楽しめます。

白玉粉

寒ざらし粉ともいいます。水につけたもち米を、そのままひいて粉にし、沈殿させたものを乾燥させ、さらにひいてきめを細かくしたモチ粉です。粒子が細かいので、舌ざわりがソフト。高キビ粉を入れるとパープルカラーのきれいな白玉ができます。

お湯で練るだけで作れる簡単手焼きせんべい
子どもと一緒に焼きたてを!

ヒエごませんべい

材料(12枚分)

ヒエ粉……25g
米粉……25g
ぬるま湯……1/5カップ(40cc)
黒ごま……大さじ2
自然塩……小さじ1/4

作り方

1. ヒエ粉と米粉と塩を合わせ、ぬるま湯を加えてよくこねる。
2. 3つの細長い棒状にして、濡れぶきんをしいた蒸し器にならべ(P66のPoint参照)、蒸気の上がったところで20分蒸す。
3. 2をボウルに入れてこね、煎ったごまを混ぜ合わせ、筒型にまとめ、12等分に切り分ける。
4. 3を麺棒で薄くのばす(厚さ1mm、直径8cm)。
5. 厚手のフライパンをあたため、フライ返しなどで、中弱火で3分、裏返して2分、焦げ目がおいしそうにつくまで焼く(水分が飛んでカリっとするまで)。

Point
フライ返しなどで押しながら、素焼きします。220℃のオーブンで10〜15分焼いてもできます。揚げせんべいにしてもいいですね。

やめられない、止まらない！ α−リノレン酸たっぷりの
エゴマの香ばしさでレーズンの甘さが引き立つ

エゴマ入りヒエボール

材料（50個分）
ヒエ粉……50g
エゴマ……40g
自然塩……小さじ1/8
水……大さじ3
レーズン……約50個

作り方

1. エゴマは煎って、すり鉢で細かくする。
2. ヒエ粉とすったエゴマと塩を混ぜ合わせ、水を加えてよく混ぜる。
3. 生地をひとつまみとって、レーズンを1つのせ、包んで丸く形を整える（直径1cm強）。
4. 180℃のオーブンで15分焼く。

Point
生地をつまんだら、キュッと一度握って指でつぶし、レーズンをのせて包むと、意外に簡単にきれいなコロコロの丸になる。

混ぜるだけで作れる
食物繊維たっぷりのナッツ入りキャラメル

ヒエキャラメル

材料（20個）
ヒエ粉……50g
米飴……80g
自然塩……小さじ1/12
アーモンド……40g
シナモン……小さじ1/3

作り方
1. アーモンドは煎って、粗く刻んでおく。
2. ヒエ粉はあたためた鍋で3分煎り、塩、アーモンド、シナモンを加えて混ぜる。
3. 別の鍋に米飴を入れ、火にかけて溶かし、2を加えて混ぜる。一度、火から下ろして粉っぽさがなくなるまでよく混ぜ、再び火にかけて少しあたため、クッキングペーパーの上に出す。
4. 粗熱がとれたら、クッキングペーパーの上から生地を軽くもみ、手にとって丸や四角に成形して切り分ける。

Point
ヒエ粉は、あたためた鍋で3分くらい煎ると、そのまま食べられるおいしいヒエ粉になります。飴と混ぜると、キャラメル感覚の生地ができます。

フランスのブルターニュ地方定番のクレープはソバ粉入り
香ばしい生地がつぶプルクリームの甘さを引き立てる

ソバクレープ

材料(4〜5枚分)

ソバ粉……25g
小麦粉……75g
自然塩……小さじ1/3
水……1と1/2カップ
焼き油(ブレンド油:P30 ★)……適量
つぶプルクリーム……適量(P11)

作り方

1. ソバ粉、小麦粉、塩を合わせてふるい、中心に菜箸をおいて、小さくまわしながら少しずつ水を入れ、粉の池を作り、残りの水をそそぎながら、まわりの粉を順に崩して溶き混ぜる。
2. 厚手のフライパンに油大さじ1を入れ、熱くなったら余分な油をあけ、生地をお玉ですくって流す。フライパンをまわして、丸く薄くのばす。
3. 表面が乾いて生地の縁がヒラヒラとレースのようになってきたら、裏返してさっと焼く。
4. 皿に盛って、真ん中につぶプルクリームをのせる。好みでフルーツをのせていただく。

Point
生地を流すときは、お玉をまわさずに1ヵ所に落としてから素早くフライパンをまわすと、きれいな丸いクレープになります。

黄色いコーン生地に干しあんずがかわいい
味の相性も抜群の一口ドーナッツ

コーンのボールドーナッツ

材料（10個分）
コーン粉……50g
水……3/5カップ（120cc）
自然塩……小さじ1/4
干しアンズ……50g
揚げ油（ブレンド油：P30 ★）……適量

作り方
1 干しアンズを細かく刻む。
2 水を鍋に入れ、火にかけて沸騰したら、塩とコーン粉を加え、手早くかき混ぜ、一気に練り上げる。
3 1の干しアンズを2に加え、混ぜ合わせる。
4 3の生地を10個に分け、一度ギュッと握ってから、丸い一口サイズにまとめる。
5 170℃の油で、コーンの黄色を焦がさないようにカラリと揚げる。

＊でこぼこしているくらいの方がおいしいので、生地をあまり均一に練ったり、丸めたりしないのがコツです。
＊いろいろな雑穀粉で作ってみてください。

Point
熱湯にコーン粉を入れて、ソバがきの要領で一気に練り上げます。雑穀粉には小麦粉に含まれるグルテンがないので、つながりにくいのですが、このやり方だとうまくいきます。

水が一滴も入らないサクサクのビスケット
ヒエ粉と高キビ粉で2色の風味を楽しむ

スティックビスケット

材料(各6個分)

[ヒエ粉バージョン]

ヒエ粉……20g
小麦粉……80g
自然塩……小さじ1/4
菜種油……大さじ3
甘酒……大さじ3（80g）
カシューナッツ……30g

[高キビ粉バージョン]

高キビ粉……20g
小麦粉……80g
自然塩……小さじ1/4
菜種油……大さじ3
甘酒……大さじ3（80g）
ピスタチオ……30g

作り方

1 ナッツは煎って、粗く刻んでおく。
2 雑穀粉と小麦粉、塩を合わせてふるい、ナッツを混ぜておく。
3 2に油と甘酒を入れて菜箸で混ぜ、練らないようにまとめる。
4 厚さ1cm強の長方形にのばし、棒状に6等分する。
5 160℃のオーブンで20分焼く。

＊甘酒が入っているので、高温で焼くと焦げてしまいます。

Point

クリームタイプの濃い甘酒と油だけで、水を入れずにクッキー生地を作ると、ビスケット感覚の生地になります。「練らずにまとめるだけ」が、ホロリ&サクサクのコツです。

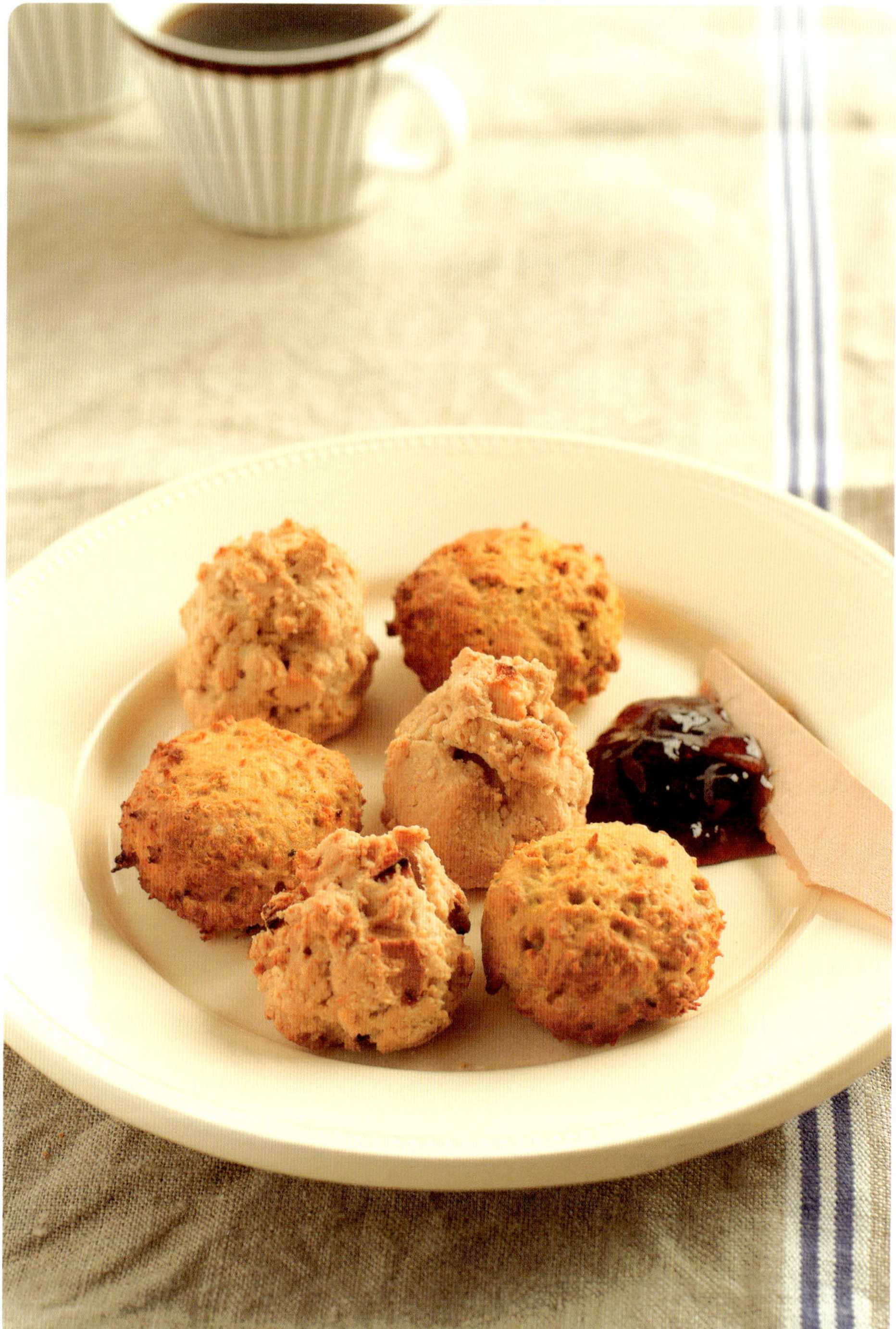

さっと混ぜて焼くだけ！
粉そのままの大胆なおいしさが新鮮

かぼちゃのスコーン＆リンゴのスコーン

材料(各10個分)
[かぼちゃのスコーン]
かぼちゃ……100g
ヒエ粉……20g
小麦粉……80g
白ごまペースト……大さじ山盛り3
豆乳……35〜50g
自然塩……小さじ1/3

[リンゴのスコーン]
リンゴ……60g(正味)
アワ粉……20g
小麦粉……80g
白ごまペースト……大さじ山盛り2
豆乳……75g
自然塩……小さじ1/4

作り方

1 かぼちゃは重さの1％の塩(分量外＝小さじ1/5)をまぶして蒸し、マッシュして白ごまペーストを混ぜる。

2 リンゴは皮ごと1/4にカットして、海水くらいの濃さの塩水(分量外)にくぐらせ、5mm角に切る。

3 かぼちゃスコーンは、ヒエ粉と小麦粉と塩を合わせてふるい、1を加え、手でほぐしながら粉を混ぜる。リンゴスコーンは、アワ粉と小麦粉と塩を合わせてふるい、2と白ごまペーストを加え、同様にする。

4 それぞれに豆乳を加えてさっと混ぜ合わせ、10個ずつに分ける。

5 クッキングシートをしいた天板に4をこんもりのせ、200℃のオーブンで20分焼く。好みでジャムなどをつけていただく。

Point
豆乳を加えたらさっと混ぜ、ちぎるように10個にまとめ、そのままのかたまりを天板にのせて焼きます。均一に混ぜすぎたり、形を丸く整えたりすると、おいしさが半減してしまいます。

雑穀粉入りの衣が香ばしいフルーツの天ぷら
アジアでは定番のデザート

フルーツフリッター

材料(3～4人分)
フルーツ(パイナップル、キウイフルーツ、
**　バナナ、リンゴなど)**……150～180g
揚げ油(ブレンド油:P30 ★)……適量

[衣]
高キビ粉……大さじ2
小麦粉……1/2カップ
自然塩……小さじ1/6
水……70cc

作り方
1. パイナップルは一口大、キウイフルーツは1cmの厚さの輪切り、バナナは半分、リンゴは塩水(分量外)にくぐらせて1/4のくし切りにする。
2. 高キビ粉と小麦粉と塩を水で溶いて衣を作り、1のフルーツをくぐらせて、170℃の油で3分くらい揚げる。表面を箸でノックしてかたくなれば、できあがり。
3. 切って、皿に盛る。

Point
どろっと濃い衣をたっぷりつけて揚げます。衣に加える自然塩が、フルーツと粉のおいしさを引き立てます。

表面はクランブル、真ん中はヌガー、その下にとろけるフルーツ
3層のテクスチャーが楽しいフルーツグラタン

柿とみかんのヒエ粉クランブル

材料（6人分）

- ヒエ粉（またはアワ粉、高キビ粉）……1/3カップ
- 柿……1個（正味220g）
- みかん……1個（正味50g）
- レーズン……15粒
- ピーナッツ……15g
- 白ごまペースト……大さじ2
- 自然塩……小さじ1/4

作り方

1. ヒエ粉は、あたためた鍋で3分煎る。
2. 柿は皮つきのまま、5mmの厚さのくし切りにする。みかんは薄皮をはずしておく。レーズンは粗く刻んでおく。
3. 柿とみかんに塩をまぶし、レーズンを混ぜ、耐熱皿に入れる。
4. 1のヒエ粉に粗く刻んだピーナッツと白ごまペーストをよく混ぜ合わせて、クランブルを作る。
5. 3に4のクランブルをふりかけ、200℃のオーブンで20分焼く。

Point

柿は熟れている方がおいしいです。とろとろになったものは、そのままでもゴージャスなデザートになりますが、クランブルにするといっそうおいしくなります。夏はよく熟れた桃で作れます。

Recipes 3

雑穀粉の風味を楽しむ洋菓子いろいろ

雑穀の粉は味が濃い! 風味がある!
ミルキーで天然のとろみがある!

雑穀には脂肪分やたんぱく質が豊富に含まれているので、バターや卵、生クリームなどを使わなくても、クリーミーでコクのあるお菓子が作れます。雑穀粉で、日本人の舌になじみ、体がよろこぶ洋菓子作りをはじめましょう。

粉の甘さとおいしさを
自然海塩で引き出す

粉のおいしさを楽しむのが本来のお菓子

　塩のしょっぱさは、微量の場合、甘みを引き立たせる方に働きます。穀物や野菜や果物に自然塩をひとふりすると、素材の中の甘みが引き出されて、そのときどきならではの、新鮮なおいしい甘さを楽しむことができます。それは、舌にも体にも心地よいハーモニーを感じられる甘さです。

　塩の利いたおせんべいやおにぎりのおいしさが、お菓子の原点です。

素材の味を殺す砂糖

　砂糖などの甘味料でスイーツを甘くすると、砂糖の味が勝り、素材の味が楽しみにくくなってしまいます。どのケーキもおまんじゅうも、みんな同じ味に感じられるようになり、バターや香料などがないと味の変化が楽しめないようになってしまうのです。また、だんだんと味覚がマヒしてきてしまい、多量の砂糖が入っていないと満足できなくなってしまいます。ところが、塩を少量入れることによって、少量の甘味で満足できるおいしい甘さになります。

1%の塩加減

　自然海塩で引き出したり、引き立てたりする甘さは、味わいも甘さも感動的ですが、健康を守ってくれるたのもしい甘さでもあります。ミネラルバランスが整ったときに、おいしさは頂点に達します。舌にも体にもおいしい甘さを、自然海塩で楽しみましょう。塩加減の基本は、粉の重さに対して1%の塩です。1カップの粉は約100gなので、小さじ1/5の塩で甘さが引き出されます。

Column ❶

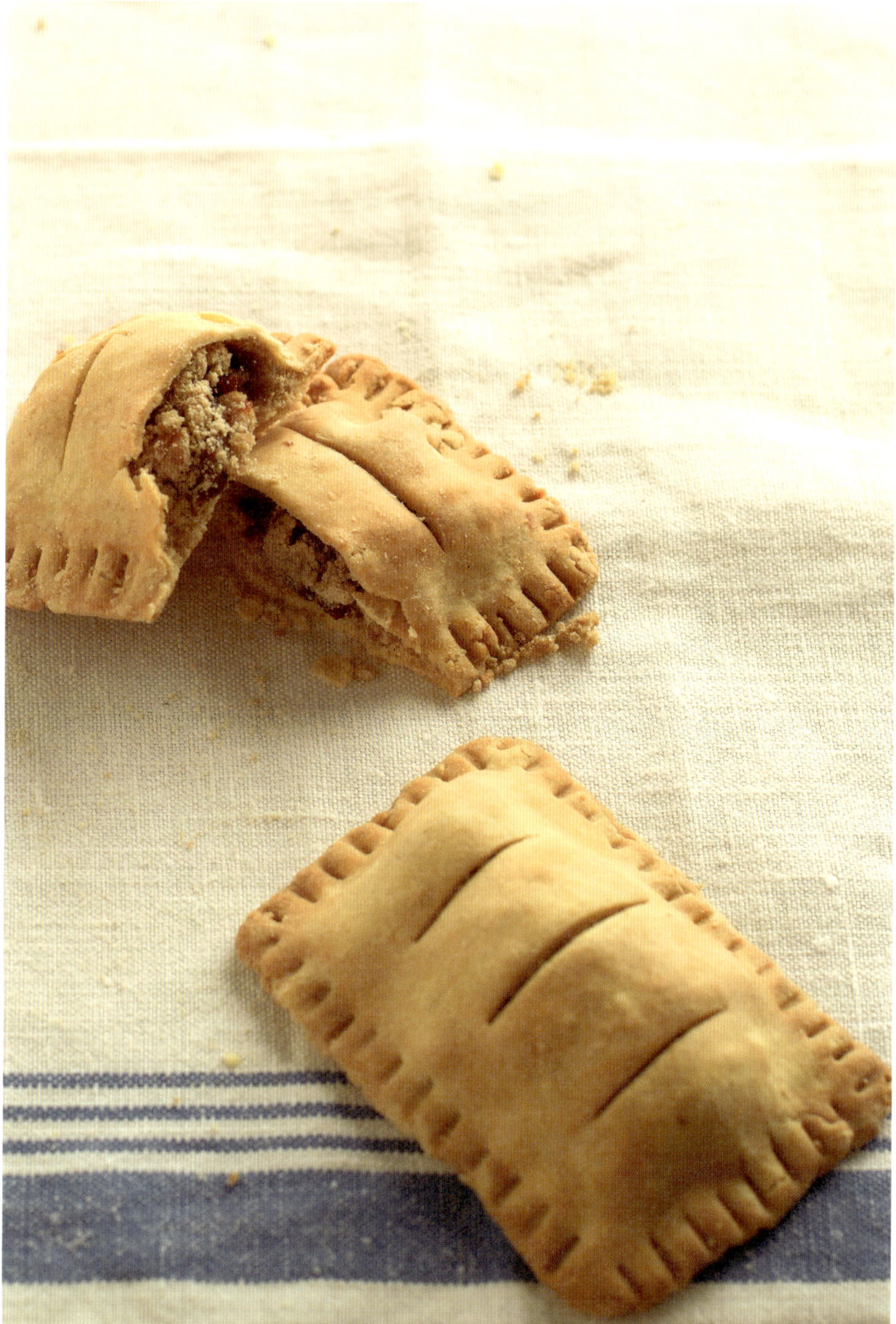

干し柿のエキスが染みたホロホロ雑穀クランブルをまとった
もっちり甘い干し柿入りのさっくりパイ

干し柿とアワ粉のクランブルパイ

材料(4個分)

[パイ生地]

アワ粉(またはヒエ粉、キビ粉)……20g
小麦粉……80g
自然塩……小さじ1/4
菜種油……大さじ2
水……大さじ3

[フィリング]

干し柿……50g
自然塩……ひとつまみ
クルミ……10g
アワ粉(またはヒエ粉、キビ粉)……大さじ3(3分煎る)
白ごまペースト……大さじ1

作り方

1. アワ粉、小麦粉、塩を合わせてふるい、油と水を加えて粉全体にいきわたるように箸で混ぜ、ひとつにまとめる。このとき、こねたり、寝かしたりしないこと(P32)。
2. 干し柿は粗く刻み、塩ひとつまみを混ぜておく。
3. 煎って粗みじんに切ったクルミと煎ったアワ粉と白ごまペーストを混ぜ、クランブルを作る。
4. 1の生地を四角にのばし、大小4組の長方形の皮を作る(大きさの目安は6×9cm)。
5. 小さい皮に3のクランブル、2の干し柿、3のクランブルの順に重ねていき、大きい皮でフタをして縁をきっちり押さえ、包丁で切れ目を入れる。
6. 180℃のオーブンで15〜20分焼く。

Point
ふつうは小麦粉とバターと木の実で作るクランブルを、雑穀粉とごまペーストと木の実で作ると、和テイストのおいしいクランブルができます。指先でもみ込むように混ぜるのがおいしいクランブルづくりのコツです。

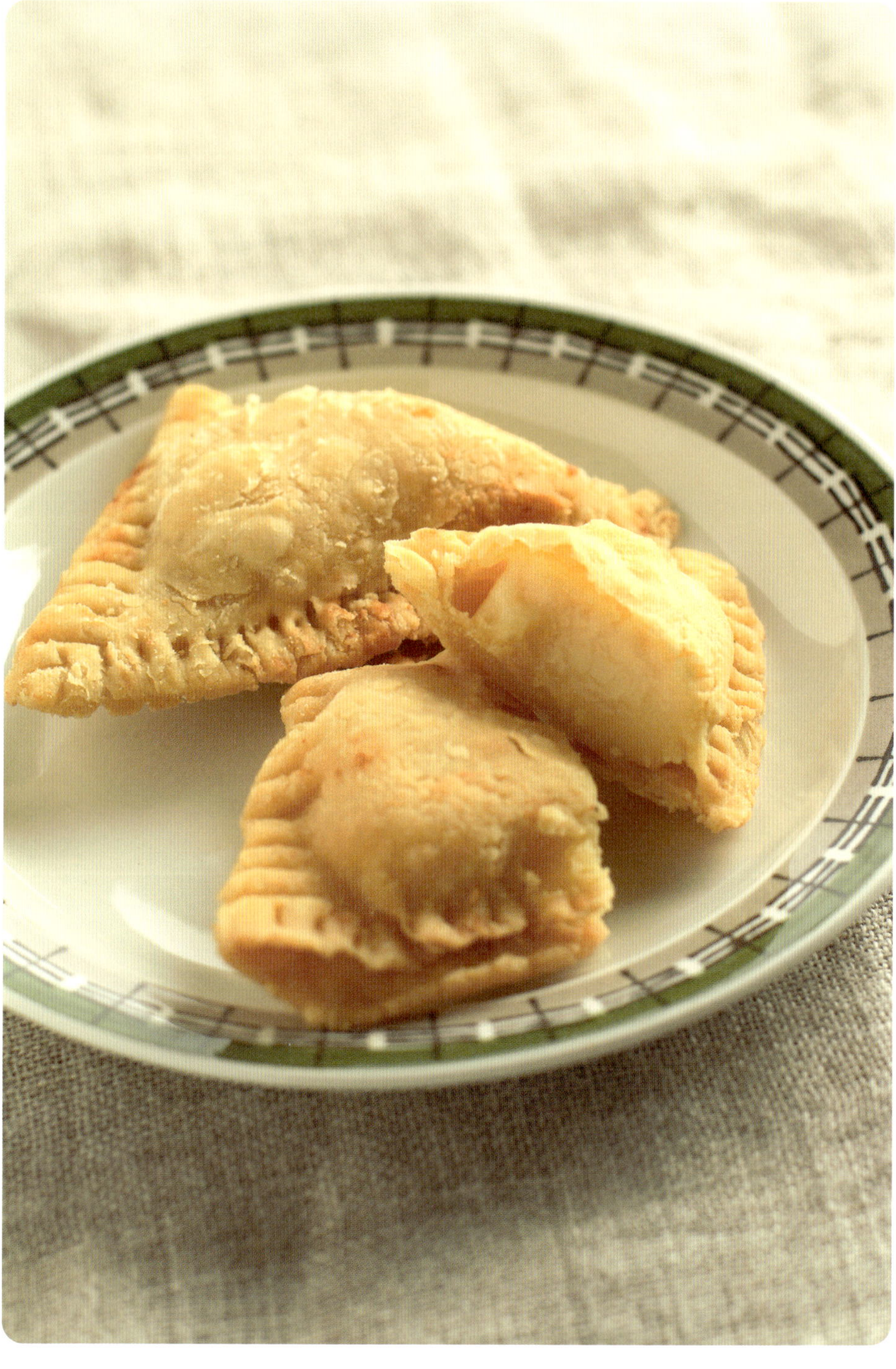

さっくり揚がった熱々のパイ生地の中から
とろ〜り口に広がるつぶプルカスタードクリームが魅力的！

つぶプル揚げパイ

材料(4個分)

[パイ生地]

コーン粉（またはヒエ粉、アワ粉）……20g

小麦粉……80g

自然塩……小さじ1/6

菜種油……大さじ2

水……大さじ3

[フィリング]

ヒエ粉……28g

リンゴジュース……1カップ

自然塩……小さじ1/8

揚げ油（ブレンド油：P30 ★）……適量

作り方

1 鍋にヒエ粉とリンゴジュースを入れ、P12〜13の要領で煮て、最後に塩を加え、よく混ぜて火を止める。

2 1を流し缶などに入れ、冷めて固まったら4等分しておく。

3 コーン粉、小麦粉、塩を合わせてふるい、油と水を加えて粉全体にいきわたるように箸で混ぜ、ひとつにまとめる。このとき、こねたり、寝かしたりしないこと（P32）。

4 3のパイ生地を半分に分け、それぞれ2〜3mmの厚さに麺棒でのばし、さらに半分に切る。

5 2のつぶプルクリームを、4の生地の片側にのせて半分に折り、フォークで縁をきっちり押さえる。

6 130℃の油で、皮がほんのり色づくまでカラリと揚げる。

Point
冷めてかたくなったクリームを、パイ皮にのせてぴっちりフタをします。温度が上がるとやわらかくなるので、すき間が空いていると中身が流れ出てしまいます。

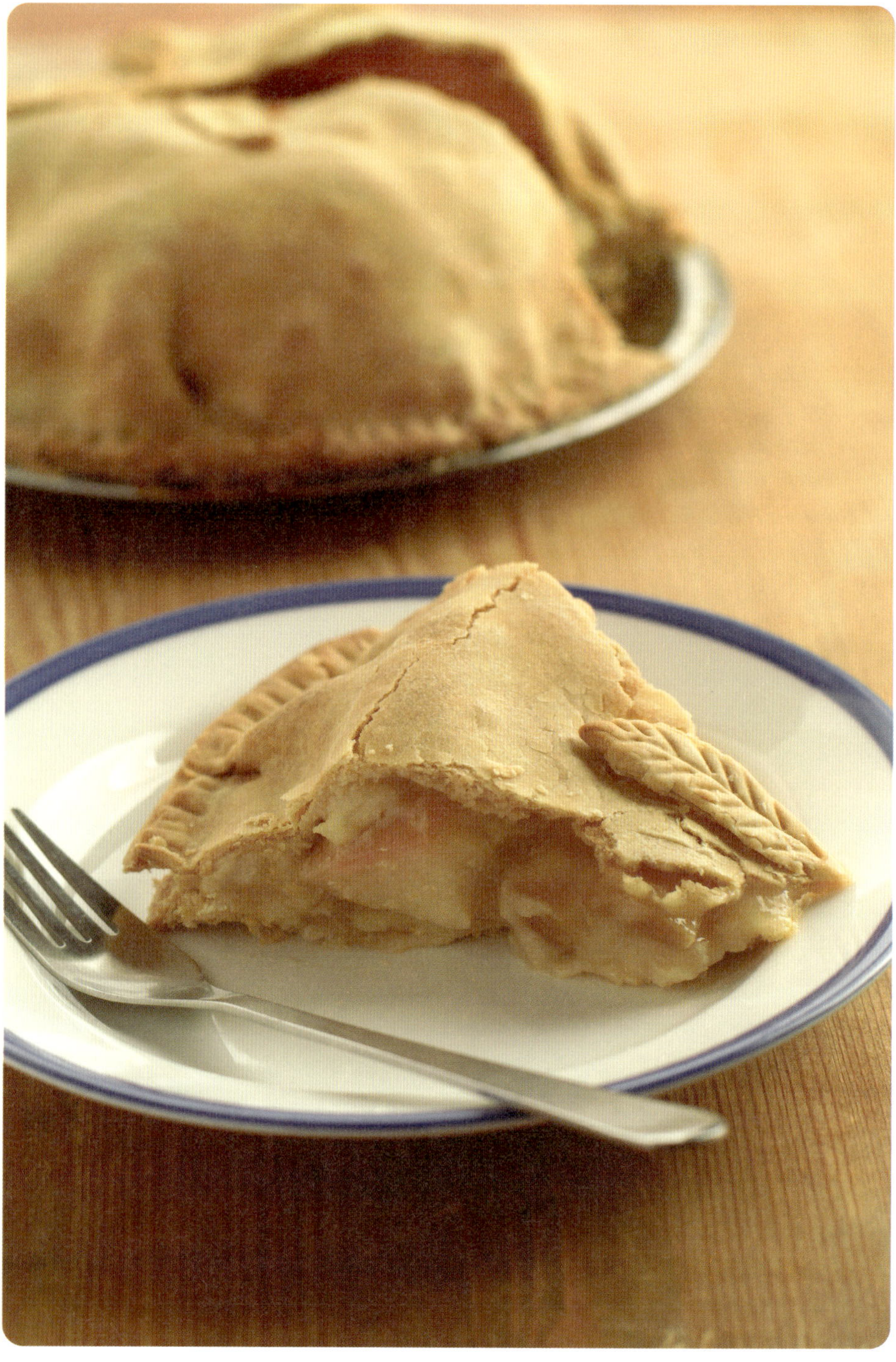

ぎりぎりまで油を入れたリッチパイの中身は
つぶプルクリームと融け合って煮えたとろりんリンゴ

アップルカスタードパイ

材料（19cmパイ皿）

[パイ生地]

アワ粉……60g
小麦粉……240g
自然塩……小さじ1/2
菜種油……大さじ8
水……大さじ6

[つぶプルクリーム]

ヒエ粉……28g
リンゴジュース……1と1/4カップ
自然塩……小さじ1/8

リンゴ……400g（正味）

作り方

1 アワ粉、小麦粉、塩を合わせてふるい、油と水を加えて粉全体にいきわたるように箸で混ぜ、ひとつにまとめる。このとき、こねたり、寝かしたりしないこと（P32）。生地を半分に分けておく。

2 半分の生地を麺棒で3mmの厚さに丸くパイ皿よりやや大きくのばし、油（分量外）を塗ったパイ皿に入れ、フォークで底に穴をあけ、180℃のオーブンで10分焼く。

3 鍋にヒエ粉とリンゴジュースを入れ、P12～13の要領で煮て、最後に塩を入れ、よく混ぜて火を止める。

4 リンゴは皮ごと4等分にして、塩水（分量外＝水1/4カップ＋塩小さじ1/3）にくぐらせ、大きい場合は、さらにタテに2等分してから一口大に切る。

5 2のパイにリンゴをのせ、3のつぶプルクリームをかける。

6 残りのパイ生地をのばしてフォークで穴をあけ、5にかぶせる。縁に水を塗り、フォークで押さえてしっかり止める。

7 180℃のオーブンで50分焼く。

❶ 半焼きにしたパイにリンゴを並べる。

❷ つぶプルクリームをのせる。

❸ 残りのパイ皮でフタをして、縁をぴっちり押さえる。

八角の香りの熱々とろ〜りクリーム　卵を使わないで作る本格中華エッグタルト
ノンエッグタルト

材料（7cmのパイ皿7個分）
[パイ生地]
アワ粉（またはヒエ粉）……20g
小麦粉……80g
自然塩……小さじ1/6
菜種油……大さじ2
水……大さじ3

[フィリング]
ヒエ粉……28g
リンゴジュース……1と1/4カップ
自然塩……小さじ1/8
八角……2個
カラメルソース（P22）……適量

作り方
1 リンゴジュースにバラバラに崩した八角をつけておく。
2 アワ粉、小麦粉、塩を合わせてふるい、油と水を加えて粉全体にいきわたるように箸で混ぜ、ひとつにまとめる。このとき、こねたり、寝かしたりしないこと（P32）。
3 麺棒で生地を3mmの厚さにのばし、油（分量外）を塗ったパイ皿に入れ、フォークで底に穴をあけ、縁を押さえて飾りにする。
4 3を180℃のオーブンで15分焼く。
5 鍋にヒエ粉と1の八角風味のリンゴジュースを入れ、P12〜13の要領で煮て、最後に塩を加え、よく混ぜて火を止める。
6 5が熱いうちにパイに流し入れ、カラメルソースを塗り、200℃のオーブンで5分焼き、熱々を食卓へ。

＊エッグタルトは卵を使った熱々のスペシャル中国菓子ですが、ヒエ粉があれば卵なしで簡単に作れます。冷めてもおいしいです。

Point
八角は、英名スターアニスというスパイスです。中華料理の香りづけのキーになるスパイスなので、八角を使うと本格中華テイストを演出できます。細かく砕いて、ジュースにつけて香りを移します。

かためのつぶプルカスタードをサンドしたうす焼きクッキーは懐かしい味わい

つぶプルサンド

材料(各8枚分)

[クッキー生地:ヒエ粉]

ヒエ粉……10g
小麦粉……40g
自然塩……小さじ1/8
菜種油……大さじ1
水……大さじ1と1/2

[クッキー生地:高キビ粉]

高キビ粉……20g
小麦粉……40g
自然塩……小さじ1/8
菜種油……大さじ1
水……大さじ1と1/2

[フィリング](小サイズの流し缶)

ヒエ粉……28g
リンゴジュース……3/4カップ
自然塩……小さじ1/8

作り方

1 鍋にフィリング用のヒエ粉とリンゴジュースを入れ、P12〜13の要領で煮て、最後に塩を加え、よく混ぜて火を止める。濡らした流し缶に一気に流す。

2 ヒエ粉、小麦粉、塩を合わせてふるい、油と水を加えて粉全体にいきわたるように箸で混ぜ、ひとつにまとめる。このとき、こねたり、寝かしたりしないこと(P32)。高キビ粉のクッキー生地も同様にして作る。

3 麺棒で生地を12×18cmの四角にのばし、波歯のカッターで長い面を半分にして8個に切り分ける。

4 フォークで模様の穴をあけ、クッキングシートを敷いた鉄板にのせ、シートをかぶせて重石用の小豆をのせ、180℃のオーブンで5分焼き、小豆をはずしてさらに5分焼く。

5 1をクッキーの大きさに合わせて切り、2枚のクッキーではさむ。

Point
うすい生地なので、そのまま焼くとねじれたり、ふくらんでしまうので、重石で押さえて焼きます。重石用の小豆は180℃で約7分焼き、水分を飛ばしておきます。何度か使えます。

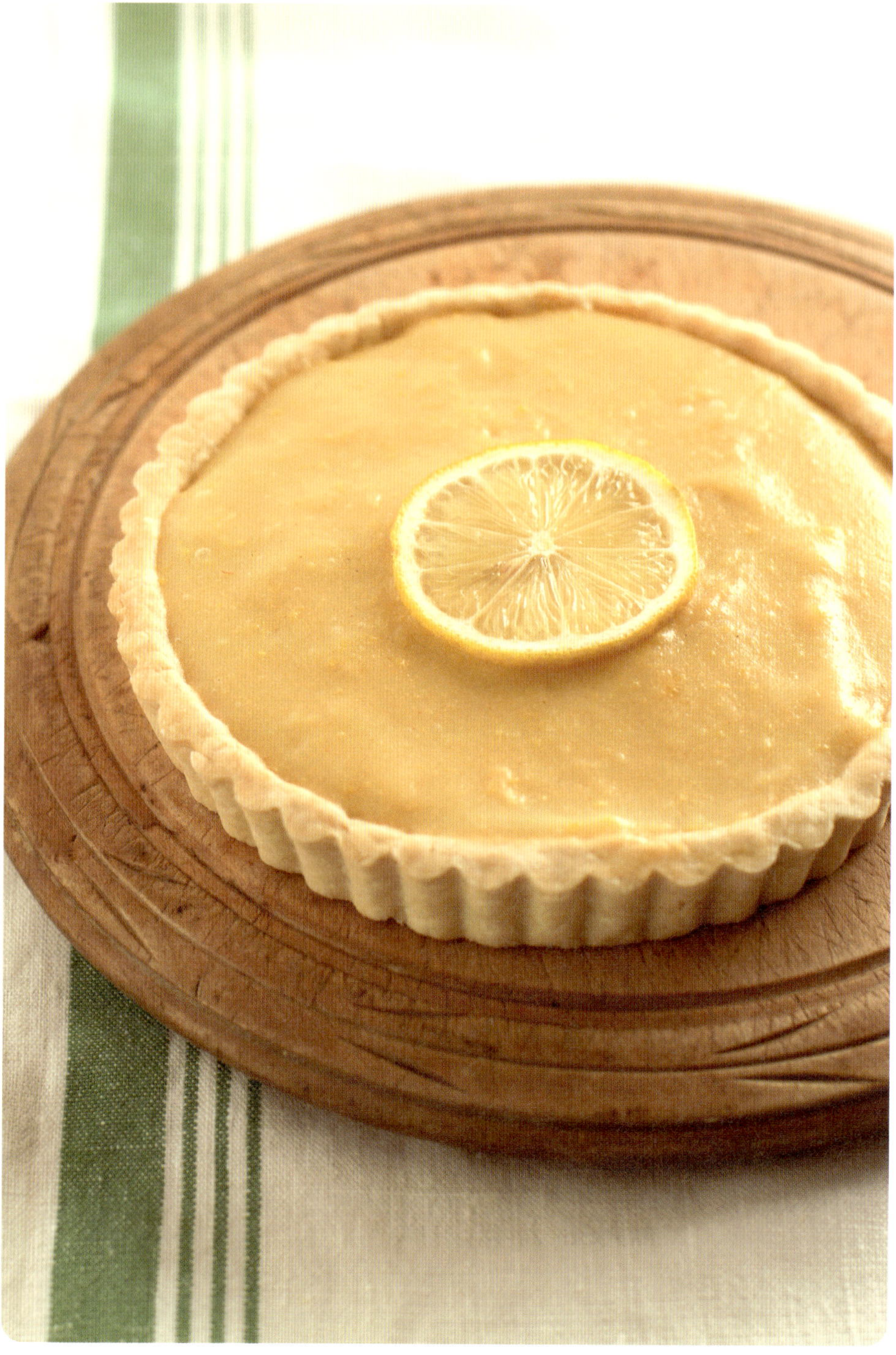

さわやかなレモン味のカスタードパイ
1切れで深〜い満足感が

レモンパイ

材料（16cmパイ型）

[パイ生地]
ヒエ粉……20g
小麦粉……80g
自然塩……小さじ1/6
ごま油……大さじ2
水……大さじ3

[つぶプルレモンクリーム]
ヒエ粉……40g
洋ナシジュース（またはリンゴジュース）
　……1と1/2カップ
自然塩……小さじ1/5
レモン……1個

作り方

1　レモンは1枚スライスし、残りは皮をすりおろしてから、汁をしぼる。

2　ヒエ粉、小麦粉、塩を合わせてふるい、油と水を加えて粉全体にいきわたるように箸で混ぜ、ひとつにまとめる。このとき、こねたり、寝かしたりしないこと（P32）。

3　麺棒で生地を3mmの厚さにのばし、油（分量外）を塗ったパイ型にのせ、型に沿わせてからフォークで底に穴をあけ、180℃のオーブンで15分焼き、盆ザルなどの上に出しておく。

4　鍋にヒエ粉とジュースを入れて溶かし、P12〜13の要領で煮て、最後に塩を加え、よく混ぜて火を止める。

5　4に1のレモン汁とすりおろしたレモンの皮を混ぜ、3のパイを型に戻して流し入れる。

6　クリームが固まったら、表面にスライスしたレモンを飾り、切り分ける。

Point
つぶプルクリームの仕上げに、レモンの汁とレモンの皮のすりおろしを混ぜると、レモン風味のクリームができます。パンやクッキーにとてもよく合います。レモンパイ用は、切り分けられるようにプディングのかたさがポイントです。

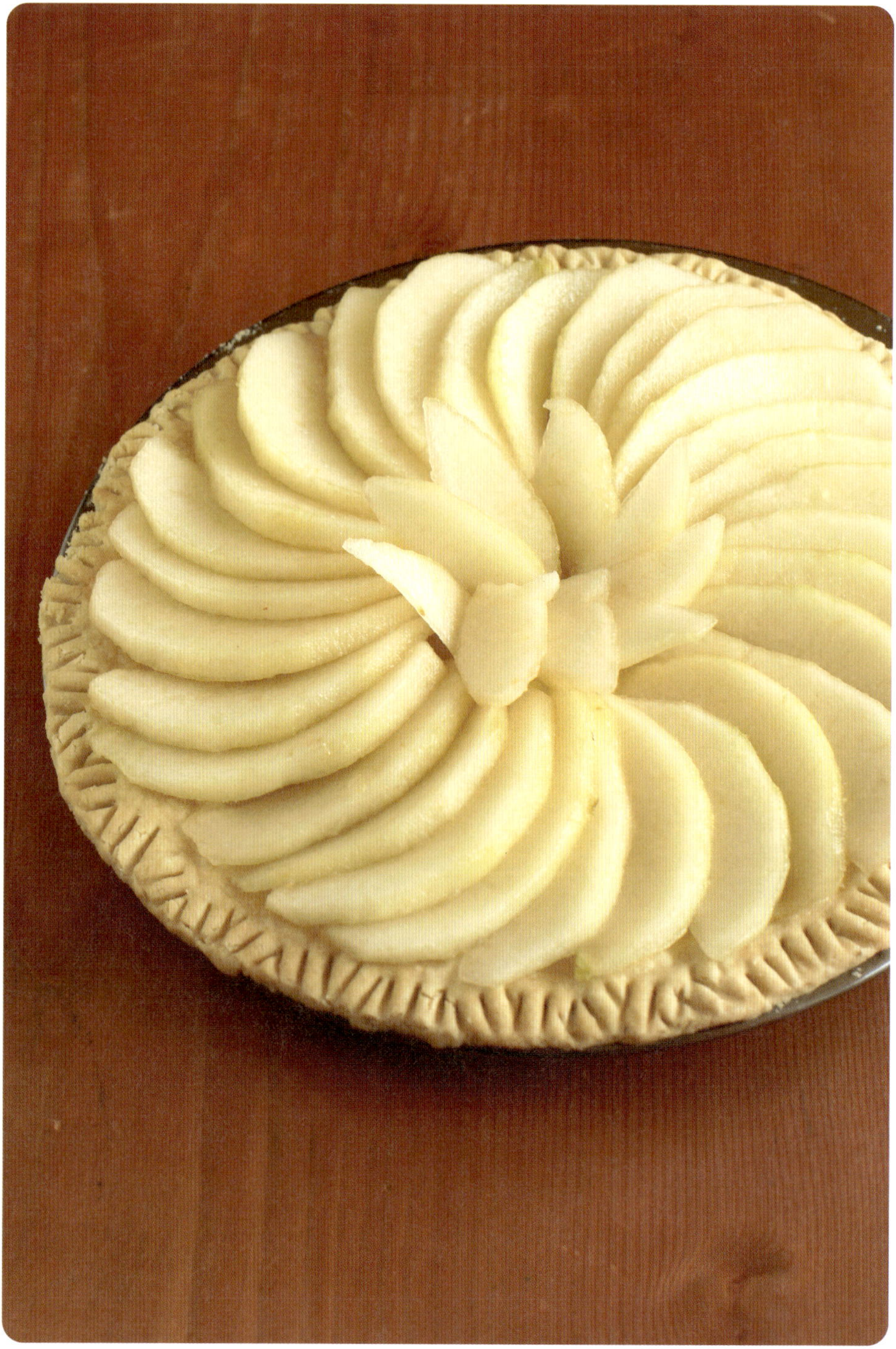

さっくりホロリのうすめのパイとつぶプルクリーム、
熟した洋ナシの軽やかなハーモニーに感動!

つぶプル雑穀タルト

材料(19cmパイ皿)

[パイ生地]
ヒエ粉……20g
小麦粉……80g
自然塩……小さじ1/6
菜種油……大さじ2
水……大さじ3

[つぶプルクリーム](1単位:P11)
ヒエ粉……28g(1/4カップ)
リンゴジュース……1と1/2カップ
自然塩……小さじ1/8
洋ナシ……1〜1個半

作り方

1 パイ生地用のヒエ粉、小麦粉、塩を合わせてふるい、油と水を加えて粉全体にいきわたるように箸で混ぜ、ひとつにまとめる。このとき、こねたり、寝かしたりしないこと(P32)。

2 麺棒で生地をパイ皿の大きさよりやや大きく丸くのばし、油(分量外)を塗ったパイ型にのせ、型に沿わせてからフォークで底に穴をあけ、180℃のオーブンで12〜15分焼き、盆ザルなどの上に出しておく。

3 よく熟した洋ナシ(桃か蒸し煮したリンゴでもおいしくできる)の皮をむき、うす切りにする。

4 鍋にヒエ粉とリンゴジュースを入れ、P12〜13の要領で煮て、最後に塩を加え、よく混ぜて火を止め、型に戻した2のパイの上に流し入れる。

5 4が冷めたら、切った洋ナシをのせる。

Point
高さの分も足した型の直径よりやや大きいサイズまで生地を伸ばし、型にのせ、押し込むようにサイズを合わせるとうまくいきます。小さく作ってのばしてはいけません。

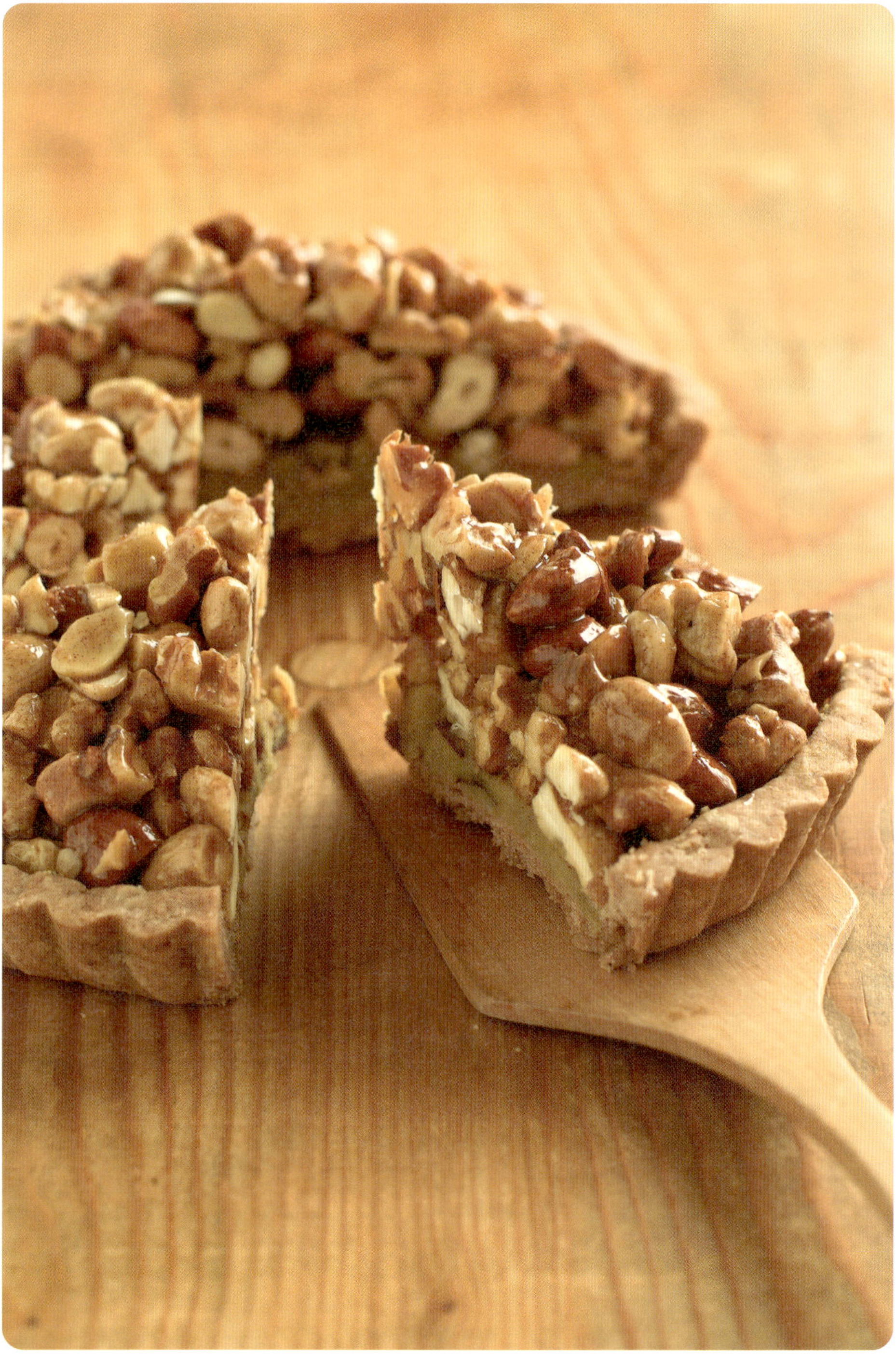

米飴で固めたシナモン風味の木の実をたっぷりのせて
秋のエネルギーを補給するユニークパイ

木の実の雑穀パイ

材料(16cmパイ型)

[パイ生地]
高キビ粉……20g
小麦粉……80g
自然塩……小さじ1/5
ブレンド油(P30 ★)……大さじ2
水……大さじ3

[スイートポテトクリーム]
さつまいも……100g
自然塩……ひとつまみ
豆乳……大さじ1

[トッピング]
(好みのナッツでよい)
クルミ……50g
カシューナッツ……50g
アーモンド……50g
米飴……50g
ピーナッツペースト……小さじ1/3
シナモン……小さじ1/3

作り方

1. 高キビ粉、小麦粉、塩を合わせてふるい、油と水を加えて粉全体にいきわたるように箸で混ぜ、ひとつにまとめる。このとき、こねたり、寝かしたりしないこと(P32)。
2. 麺棒で生地を3mmの厚さにのばし、油(分量外)を塗ったパイ型にのせ、型に沿わせてからフォークで底に穴をあけ、180℃のオーブンで15分焼き、盆ザルなどの上に出しておく。
3. さつまいもは重量の1%の塩(分量外)をまぶしてすぐに蒸し、皮つきのままマッシュして、豆乳と塩を加え、スイートポテトクリームを作る。
4. 木の実は香ばしく煎り、カシューナッツ、アーモンドは3等分、クルミは4等分に切る。
5. 米飴、ピーナッツペースト、シナモンをボウルに入れて混ぜ合わせ、さらに4の木の実を加えて混ぜる。
6. 2のパイを型に戻し、スイートポテトクリームをパイの上に敷き、5をのせる。

＊切り分けて冷凍しておけば、自然解凍しただけでいつでもおいしく食べられます。
＊ピーナッツペーストのかわりに、白ごまペーストでもおいしく作れます。

Point
米飴は寒いとかたくなるので、かたくて混ぜにくいときは、ボウルごと湯煎にかけて混ぜると扱いやすくなります。量るときもビンを湯煎してあたためておき、ボウルをはかりにのせて直接量ると計量しやすく無駄もでません。

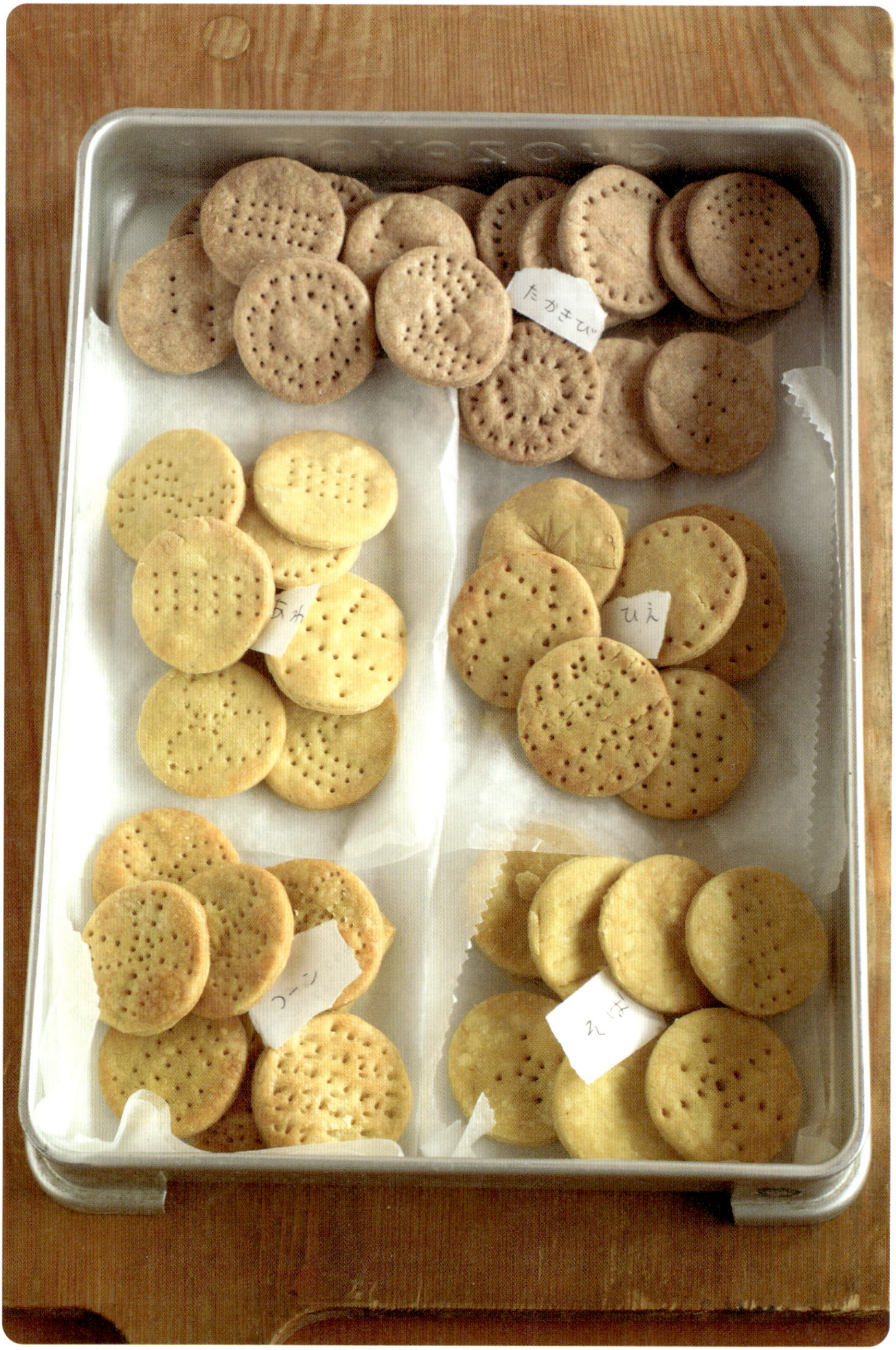

こねない、寝かさない、混ぜてまとめるだけ！
5分以内に作れるサックサクのクッキー生地テクニック

クッキーいろいろ

材料(7枚分)
雑穀粉（ヒエ粉、アワ粉、
　高キビ粉、コーン粉、
　ソバ粉など）……10g
小麦粉……40g
菜種油……大さじ1
水……大さじ1と1/2
自然塩……小さじ1/8

作り方

1. 雑穀粉、小麦粉、塩を合わせてザルでふるう。
2. 菜種油を加え、箸で大きく混ぜる。
3. 水を全体にふりかけるように加え、箸で大きく混ぜる。
4. 手でさわってみて水の多いところに残った粉を吸わせながら、ひとつにまとめる。
5. 麺棒で好みの厚さ（3〜5mmくらい）にのばし、好みの大きさに切り分けるか型で抜き、180℃のオーブンで15分焼く。
6. 焼き上がったら、盆ザルなどに広げて、水分を蒸発させる。

基本のクッキー生地の作り方

「こねない」、「寝かさない」ことが、おいしいクッキー生地のポイント。こねるとかたいクッキーになってしまいます。寝かせるとサクッとできあがりません。均一でない、ムラのある生地がゴールです。

❶ 粉と塩を合わせてふるう（目の粗い普通のザルでふるう）。

❷ 油を入れる。

❸ 水を入れて箸で混ぜる。

❹ ちぎり混ぜをする（手でさわってみて水分の多いところをちぎり、残った粉を吸わせる）。

❺ ひとつにまとめる（ボウルについた粉もふき取ってまとめる）。

❻ 麺棒でのばす（粉をふった台の上でのばす。厚さ3mmが基本。うす〜くのばすと5分で焼けるクラッカーになる。もちろん、厚めのクッキーもおいしい）。

❼ 型で抜く（包丁で切り分けてもよい）。

Recipes 2

雑穀粉で作る
クッキー＆パイ

雑穀粉を2割混ぜるだけで、
おいしさも栄養価もぐーんとアップ！

小麦粉に雑穀の粉を2割前後混ぜると、風味と風合いのある個性的でおいしいクッキーやパイが作れます。雑穀の繊維、ミネラル、ビタミンをはじめとする多様な栄養素が加わって、健康面においても太鼓判！

とろけるカスタードクリームのフリッターも
つぶプルなら簡単！

つぶプルフリッター

材料(4人分)

ヒエ粉……**28g**

リンゴジュース……**1カップ**

自然塩……**小さじ1/8**

揚げ油(ブレンド油 ★)……**適量**

シナモン……**適量**

[衣]

小麦粉……**25g**

水……**1/4カップ**

自然塩……**小さじ1/8**

★ブレンド油＝健康の基本は、菜種油7：ごま油3の割合のブレンド油です。必須脂肪酸のバランスが整い、体の働きも整います。

作り方

1. 鍋にヒエ粉とリンゴジュースを入れ、P12〜13の要領で煮て、最後に塩を加え、よく混ぜて火を止める。
2. 高さ1.5cmになるように大きめの流し缶に入れる。
3. 冷めて固まったら棒状に切る。
4. 小麦粉と塩を水で溶いて衣を作り、一口大の棒状に切った3に衣をつけて、180℃の油でさっと揚げる。シナモンをかけて、熱いうちにいただく。

Point
180℃の油で揚げるのがポイント。中身はそのまま食べられるつぶプルカスタードなので、一度沈んで上がってきたら20秒くらいでOK。熱々を楽しむスイーツです。

雑穀粉のおいしさがじわーっと伝わってくる
外側はカリッ、中はしっとりホロリの香ばしい焼き菓子

つぶプルとさつまいもの焼き菓子

材料(6個分)

つぶプルクリーム……120g（P11）
アワ粉（またはヒエ粉）……20g
ピーナッツペースト……15g
さつまいもマッシュ……50g
菜種油……大さじ2
アーモンドプードル……30g
アーモンド……40g
自然塩……小さじ1/4

作り方

1 アーモンドは煎って粗みじんにし、アワ粉はあたためた鍋で3分くらい煎る。

2 さつまいもは重量の1%の塩（分量外）をして蒸し、熱いうちにマッシュして冷ましておく。

3 つぶプルクリームにピーナッツペーストをよく混ぜ込み、菜種油、アーモンド、アワ粉、アーモンドプードル、さつまいものマッシュ、塩を混ぜ合わせる。

4 型の内側に油（分量外）を塗り、3を詰めたら、表面に油（分量外）を塗り、180℃のオーブンで20～25分焼く。熱いうちに型から取り出す。

Point
うるちアワの粉があれば、ヒエ粉と同じようにつぶプルクリームが作れます。黄色みの濃い、香ばしいクリームです。
また、生地にアワ粉を入れると、さっくりした食感になります。
もちろん、ヒエ粉でもおいしいです。

混ぜて、さっと煮て、焼くだけ！
熱々、冷んやり、極上の甘さが２度楽しめる

つぶプルかぼちゃスフレ

材料（3個分）
- ヒエ粉……20g
- 甘酒……125g
- 水……75cc
- 菜種油……大さじ1＋小さじ1
- かぼちゃマッシュ……75g
- リンゴジュース……25cc
- 自然塩……小さじ1/6
- ひまわりの種……少々

作り方
1. かぼちゃは大きめに切って、重量の1％の塩（分量外）をまぶして蒸し、熱いうちにマッシュしておく。
2. 鍋に塩とひまわりの種以外の材料を入れ、ヒエ粉が溶けるまでよく混ぜたら、火にかける。
3. 強火でかき混ぜながら、全体にとろみがついたら火を止めて塩を加える。このとき、火が完全に入っていなくても、とろりとして、粉が沈殿していない状態であればOK。
4. 油（分量外）を塗った容器に入れ、180℃のオーブンで15分焼く。一度、完全に冷ましてから、煎ったひまわりの種を散らしていただく。

Point
ヒエ粉にマッシュしたカボチャと菜種油と甘酒を混ぜて煮た生地をオーブンで焼いたら、甘くておいしいスフレになりました。熱々と冷んやり、2つのおいしさが楽しめます。焼き直して食べるのもおすすめです。

かために仕上げたココナッツミルク入りのプディングに
ココナッツフレークをまぶして

ココナッツつぶプル

材料（6〜8個分）
ヒエ粉……28g
リンゴジュース……1/4カップ
ココナッツミルク……1/2カップ
水……1/4カップ
甘酒……30g
自然塩……小さじ1/6
ココナッツフレーク……適量

作り方

1. 塩とココナッツフレーク以外の材料を鍋に入れ、ヒエ粉が溶けたら火にかけて、P12〜13の要領で煮て、最後に塩を加え、よく混ぜて火を止める。
2. 水で濡らした型に1を流す。
3. 冷えて固まったら型から出して、ココナッツフレークをまぶし、皿に盛る。

＊プディングより小さめの型で作ります。

Point
ココナッツミルクは、ココヤシの実の果肉を細かくすりおろし、水を加えて搾ったものです。ココナッツフレークは、熟したかたい果肉を細く切ったものです。

プディングの生地に好みのフルーツを混ぜて
ひんやりおいしいババロアに

フルーツババロア

材料(4～6人分)
ヒエ粉……55g
リンゴジュース……2カップ
自然塩……小さじ1/8
パイナップル(みかん)……150g

作り方
1 パイナップルは一部をうす切りにし、残りは一口大に切る(みかんの場合は、薄皮をむいておく)。
2 鍋にヒエ粉とリンゴジュースを入れ、P12～13の要領で煮て、最後に塩を加え、よく混ぜて火を止める。
3 火を止めたら1のフルーツを加え、混ぜる。
4 3を水で濡らした型に入れる。
5 冷めて固まったら、型から出して皿に盛る。

＊型に、あらかじめうす切りしたパイナップルをしいておくと、できあがりがキレイ。

Point
熱いうちにフルーツを混ぜて固めます。フルーツの汁がクリームに溶けておいしくなり、生地に包まれたフルーツもマイルドなおいしいババロアになります。

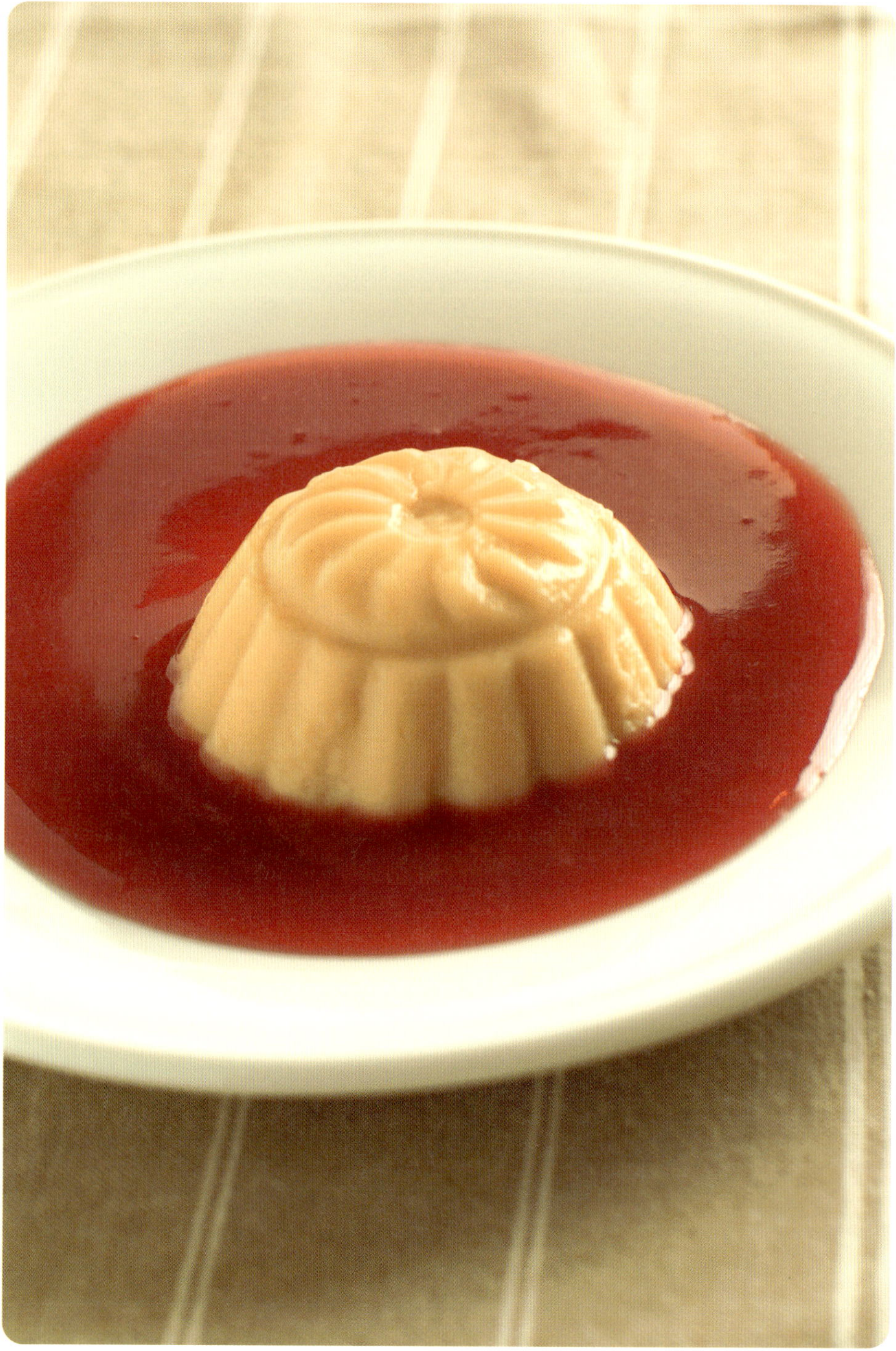

豆乳と甘酒をプラスして
マイルドな甘さのブラマンジェを楽しむ

つぶプルブラマンジェ

材料(プリン型4個分)

ヒエ粉……55g
リンゴジュース……1カップ
豆乳……1/2カップ
水……1/2カップ
甘酒……45g
自然塩……小さじ1/6

［ソース］
ヒエ粉……5g
ぶどうジュース……3/4カップ
自然塩……ひとつまみ

作り方

1. 鍋にヒエ粉55g、リンゴジュース、豆乳、水、甘酒を入れ、P12〜13の要領で煮て、最後に塩を加え、よく混ぜて火を止める。
2. 水で濡らした型に1を入れる。
3. ソース用のヒエ粉、ぶどうジュースを鍋に入れ、よくかき混ぜ、粉が溶けたら火にかける。トロミがついて、ブクブクしてツヤがでてきたら、塩ひとつまみを入れてソースのできあがり。
4. 2が冷めたら型から出して、3のソースを敷いた皿に盛る。

Point
ヒエ粉とジュースがあれば、好みのクリームソースが簡単に作れます。塩は最後の仕上げに入れます。

ちょっとかためのぶどう色の生地とスライスアーモンド
もっちりとカリッが楽しめる

ぶどう色のプチスイーツ

材料

(小サイズの卵豆腐器：12×7.5×4.5cm)

ヒエ粉……55g(1/2カップ)

ぶどうジュース……1と1/2カップ

自然塩……小さじ1/6

スライスアーモンド……30g

作り方

1. スライスアーモンドを煎る。
2. 鍋にヒエ粉とぶどうジュースを入れ、P12〜13の要領で煮て、最後に塩を加え、よく混ぜて火を止める。
3. 水で濡らした型に2の半量を入れ、その上に半量のスライスアーモンドをまんべんなくのせる。残りの2を重ね、上にスライスアーモンドをのせる。
4. 冷めて固まったら、切り分けて器に盛る。

Point

水分量少なめのすぐに固まる生地なので、アーモンドは最初から2つに分けて準備しておき、手早く生地にのせ、すぐに残りの生地を型に入れます。

ジュースの量を減らすだけ！
卵のいらないつるりんプディング誕生

つぶプルプディング

材料（プリン型4個分）
[プディング]
ヒエ粉……28g
リンゴジュース……1カップ
自然塩……小さじ1/8

[カラメルソース]
米飴……25g
水……1/8カップ（25cc）

作り方

1. 鍋にヒエ粉とリンゴジュースを入れ、P12〜13の要領で煮て、最後に塩を加え、よく混ぜて火を止める。
2. 濡らした型に1を入れ分ける。
3. 鍋に米飴を入れて中弱火にかける。全体が泡になり、底面についた部分の飴が茶色く焦げたら、一気に水を加える。かき混ぜながら弱火でよく溶けるまで煮たら、火を止める。
4. 2が固まったら、皿に出して、冷めてもったりしてきたカラメルソースをかける。

Point
鍋の中で米飴全体が泡立ち、白い泡が茶色に焦げてくるのをじっと待って、一気に水を入れるのがコツです。厚手の小鍋がおすすめ。鍋をはかりにのせて直接飴の重さを量ると、無駄になりません。冷めるとかたくなるので、ちょうどよい濃さになったらプディングにかけます。

Recipes 1

つぶプル
バリエーション

ヒエ粉の固まる性質を活用した
新感覚スイーツいろいろ

「粉の比率を変える」、「ジュースを変える」、「風味食材を加える」、「オーブンで焼く」などなど、基本の作り方にほんのひと手間プラスで、多彩なスイーツがつぎつぎと楽しめます。

ヒエ粉少なめのとろりとやわらかいクリームで
フルーツがまろやか食感に

フルーツつぶプル

材料(3人分)
ヒエ粉……**23g**
リンゴジュース……**1と1/2カップ**
自然塩……**小さじ1/6**
イチゴ……**20g**
キウイフルーツ……**20g**

作り方

1 鍋にヒエ粉とリンゴジュースを入れ、P12〜13の要領でやわらかめのつぶプルクリームを作る。最後に塩を加え、よく混ぜて火を止めるのを忘れないこと。

2 1が熱いうちに刻んでおいたフルーツを混ぜ、器に盛り、冷やす。

Point

柑橘類の果肉など、好みのフルーツならなんでもおいしく楽しめます。このかたさのクリームはまとめて作って、好きなときに盛り分けて楽しめて便利。ほんのわずかな違いなのに、基本とはひと味違うおいしさが楽しめます。

白ワイン入りのシロップとつぶプルクリームで
いつものパンがゴージャスなケーキに変身

つぶプルサバラン

材料(4人分)
天然酵母パン
　……4個（1個約100gくらいのもの）
リンゴジュース……1と1/2カップ
レモン汁……1/2個分（大さじ1）
レモンの皮のすりおろし……1/2個分
白ワイン……大さじ1
自然塩……ひとつまみ
つぶプルクリーム……適量（P11）

作り方

1. リンゴジュースを小鍋に入れ、火にかけて1カップ分になるまで煮詰め、レモン汁、レモンの皮のすりおろし、白ワイン、塩を加えてひと煮立ちさせ、シロップを作る。
2. 1のシロップの粗熱がとれたら、半分にちぎったパンにかけて全体にむらなくしみ込ませる。
3. 冷やして、つぶプルクリームをかけていただく。

＊天然酵母パンは、あまり目が詰まっていないドライフルーツやナッツなどが入ったタイプがおすすめです。

Point
シロップにパンをひたすのではなく、ハケやスプーンでシロップをすくって少しずつしみ込ませると、パンがふやけずにおいしくできます。

リンゴ自体のエキスが溶けたソースをまとった
ふんわりリンゴとつぶプルクリーム

つぶプル on アップルフランベ

材料(4人分)

リンゴ……1個（正味200g）
菜種油……大さじ1
黒糖酒（またはラム酒）
　……大さじ1
つぶフルクリーム……1/2単位（P11）
ひまわりの種……小さじ2
自然塩……ひとつまみ
塩水……水1/2カップ＋自然塩小さじ2/3

作り方

1. リンゴは皮つきのまま4等分にカットして、芯をとったら、塩水にくぐらせ、それぞれ4つに切る。
2. フライパンを熱して菜種油を入れ、1のリンゴをならべて塩ひとつまみをふり、全体に油がまわるように返しながら火を通す。さらに、黒糖酒を加えてフランベしたら、火を止めてフタをして、5分蒸らす。
3. 皿に盛り、つぶプルクリームをかけ、炒ったひまわりの種を散らす。

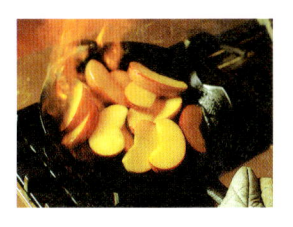

Point

フランベはフランス語。調理中に、ラム酒やブランデーなどをふりかけ、火をつけてアルコール分を燃やす調理法のことです。菜種油に溶け込んだリンゴのエキスと黒糖酒の風味がぜいたくなソースのうま味が口いっぱいに広がります。バナナをタテ半分に切ってフランベしてもおいしいです。

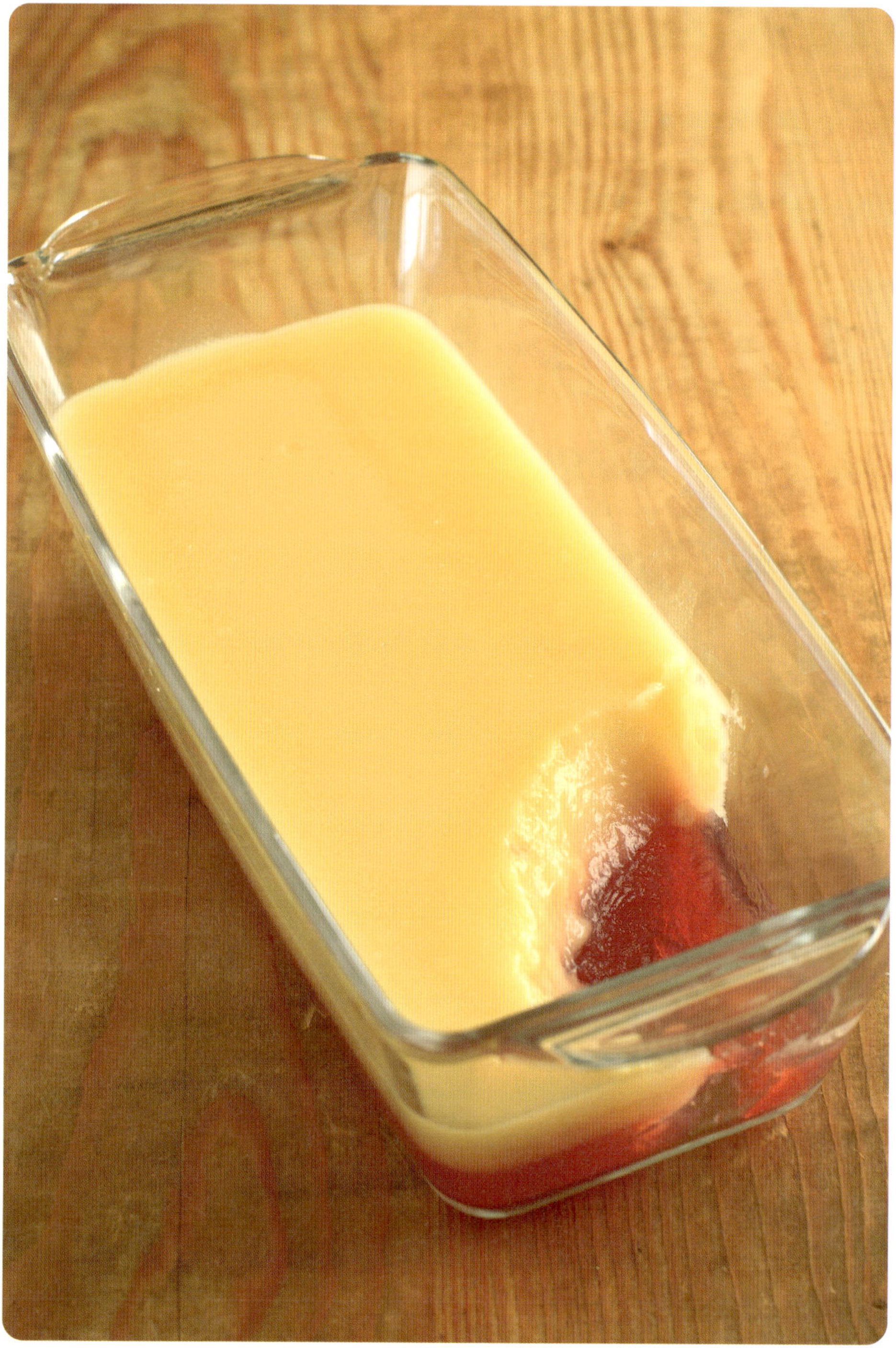

寒天ムースとつぶプルクリームで
色も味も2層の舌にとろけるスイーツ

つぶプルムース

材料(6人分)

[ムース]
クランベリージュース……3/10カップ（60cc）
リンゴジュース……1/2カップ
糸寒天……2g
自然塩……ひとつまみ

[つぶプルクリーム]（1単位：P11）
ヒエ粉……28g（1/4カップ）
リンゴジュース……1と1/2カップ
自然塩……小さじ1/8

作り方

1 糸寒天は、たっぷりの水に一晩つけて戻す。

2 鍋にムース用の2種類のジュースと自然塩、水を切った寒天を入れて強火にかける。煮立ったら中火にして、完全に寒天の姿がなくなるまで煮る。
   ＊火が弱すぎるとキレイに溶けない。
   ＊途中かき混ぜないこと。かき混ぜると溶けなくなる。

3 寒天が溶けたら、すぐに2を水で濡らした器に流す。
   ＊寒天液は65℃から固まりはじめる。

4 鍋にヒエ粉とリンゴジュースを入れ、P12～13の要領でつぶプルクリームを作る。最後に塩を加え、よく混ぜて火を止める。

5 熱々の4を固まった3に流し入れる。
   ＊フタをしたり、冷蔵庫に入れたりすると、表面がシワシワになってしまうので、固まるまでは涼しいところに自然放置する。

Point
熱々を一気に流すと、クリームの表面がキレイに仕上がります。鍋に残ったクリームは、固まりやすくムラになるので、別の小さな器に入れ、おまけスイーツとして楽しみます。

つぶプルクリーム 7つのメリット

1 おいしい

一番のメリットは、なんといっても、そのおいしさ。ひとつまみの自然海塩と火の力で、ヒエ粉とジュースのうま味が引き出されます。子どもから大人まで、誰もが感動してくれます。

2 簡単

シンプルな材料とシンプルな作り方なので、一度覚えれば、子どもでも簡単に作れます。

3 甘い

ヒエの豊富な繊維とジュースの組み合わせから、舌にも体にもやさしい新鮮な甘さが生まれます。砂糖入りのスイーツでは、決して味わえない甘さです。

4 冷え性にも

つるんと冷えたスイーツなのに、食べている間に体の中からあたたかくなって、手足の先までポカポカなのに気づく人がたくさんいます。ヒエ粉の体をあたためる働きのおかげです。

5 便秘を撃退してピカピカお肌に

舌にとろけるクリームなのに、良質の植物性繊維がぎっしりで、腸内微生物を育てて腸を元気にします。毎朝爽快感のある体調と、ツルツルピカピカのお肌がよみがえる効果が期待できます。

6 貧血を予防して体の働きを高める

鉄分が多いので造血効果や貧血を予防する働きが期待できます。マンガンをはじめ、欠乏しがちな必須ミネラルが多いので、体調を整える働きも。

7 有毒成分を追い出すデトックス効果

豊富な繊維と微量栄養素のチームワークが、体のさまざまな働きを高め、新陳代謝や栄養の燃焼をスムーズに促し、体の中の毒素を追い出す効果も期待できます。

つぶプル宣言!

さあ、
できました!!

つぶつぶの粉でできていて
プルンとおいしいから
「つぶプルクリーム」とよぶことにしました。
カスタードを超えたおいしさです。
ジュースをかえると、
いろいろなおいしさ、色のクリームが楽しめます。

Tsubu Puru Cream!

Point

ジュースと塩にこだわる

ジュースは有機栽培果実で作ったフレッシュなもの、植物性の天然ビタミンC以外は添加物が入っていないものを選びます。塩はミネラルたっぷりの自然海塩がおすすめ。塩のナトリウムが、ジュースが体を冷やす力をやわらげてくれます。

❼ まだまだかき混ぜ続ける

＊つやつやのゆるい液状になり、忙しくぽこぽこ沸いてきます。

❽ 木べらを持ち上げてスーッと落ちるくらいゆるくなるのが、できあがりの目安

❾ 水をくぐらせておいた容器に、一気にそそぐ

＊鍋にくっついたクリームは、無理にこそげ取って入れずに、ヘラで取って、別の容器に入れて食べます。
＊つぶプルクリームは、60℃くらいからかたまり始めるので、手早く鍋から移します。

❿ 粗熱がとれたら、混ぜながら冷ますとクリーミーに仕上がる

＊冷めるまでは、冷蔵庫に入れない方がきれいに仕上がります。冷やさなくても、充分おいしく食べられます。

さあ、作りましょう！

❶ ミルクのようなつぶプルベースを強火にかけ、かき混ぜ続ける

ヒエ粉とリンゴジュースを片手鍋に入れて、よく混ぜて粉を溶かし、混ぜながら中強火にかける。
＊泡だて器がなくても大丈夫！雑穀粉はダマにならずに溶けます。
＊沈殿しやすいので、溶けたらすぐに混ぜながら火にかけます。

❷ もったり重くなってくる

はじめは、ミルクのようにサラサラな液が、もったり重たくなってくるまで木べらでかき混ぜながら煮る。だんだん早く手を動かす。

❸ みるみるクリーム状になってくる

鍋の底全体が混ざるように、均一にクリーム状になるように、大きく早くかき混ぜる。
＊一見できあがったように見えますが、ここからが本番。まだまだかき混ぜ続けます。

❹ ツヤが出てきて、ゆるんでくる

❺ ぼこぼこ沸いてくる

❻ なめてみて、ざらつきがなければ、塩を加える

ヒエ粉 ＋ リンゴジュース ＋ 自然塩

リンゴジュース

自然塩

基本の材料（1単位：できあがりの量＝約300g）

ヒエ粉……………28g(1/4カップ)
うるちアワ粉でもおいしく作れます。より甘く、黄色みの強いつぶプルクリームになります。

リンゴジュース…1と1/2カップ(300cc)
果汁100%で、ビタミンC等の保存料の入っていないものを選びましょう。

自然塩……………小さじ1/8
海のミネラルをたっぷり含む自然海塩がおすすめです。最初に量って用意しておきます。

作り方のポイント

● 厚手の小さめの片手鍋と木べらを用意する。
● ジュースに溶かしたヒエ粉をかき混ぜながら、火にかけて煮込む。
● よく煮えて、粉のざらつきが感じられなくなってから、塩を入れる。
● できあがりの見極め方をマスターする。

ヒエ粉で作る
ノンエッグ・カスタード「つぶプルクリーム」

　ヒエ粉とリンゴジュース、そしてほんの少しの自然塩があれば、卵も砂糖も牛乳もなしで、とろっとおいしいノンエッグ・カスタードクリームが作れます。冷蔵庫がなくても作れる省エネカスタードです。つぶプルクリームとよぶことにしました。

　そのままパンにのせてもおいしいですし、パイのフィリングとしても大活躍。また、同じ作り方でもジュースの量を調節することで、好みの固さのクリームやソースが作れてしまいますし、ぐっと減らせばババロアのように好みの型に固めることもできます。

ヒエ粉

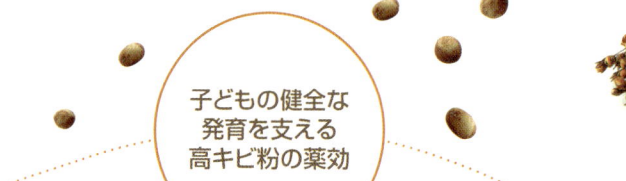

子どもの健全な発育を支える高キビ粉の薬効

高キビは必須栄養素の宝庫です。とくに、乳幼児や子どもの健全な発育のための栄養源として注目が高まっています。言語や聴覚を司る脳の発達を促し、乳幼児の健全な成長に欠かせないヒスチジンをはじめとする数種の必須アミノ酸が含まれているからです。

でんぷんを燃焼させてエネルギーに変換するために欠かすことのできないビタミンB群も豊富に含まれています。また、必須脂肪酸の含有量も豊富です。現代食に大きく不足しているマンガンも多く、マグネシウムは白米の約7倍も含まれ、繊維は小麦粉の約4倍、鉄分は5.5倍、脂質は約2.5倍も含まれています。

抗酸化力をもつフェノール類のタンニンが含まれているので、若さを保つ働きも期待できます。

アフリカ生まれの雑穀、高キビ

高キビはエチオピア東部に広がるサバンナ帯から西アフリカに広がり、インド経由で中国にも伝わった雑穀です。英語名は「ソルガム(sorghum)」、日本名は背の高いキビ(イネ科の作物)という意味で高キビ、中国経由の外来穀物なのでモロコシともよばれてきました。

大豆、小麦、トウモロコシにくらべて乾燥、高温に強く、農薬などに依存しないで栽培できます。自然環境に適応する潜在能力が強く、人工的な管理をあまり必要としないたくましい作物です。

食用の高キビの幹は垣根、屋根、壁の材料や、敷物の加工原料、そして、椀や箸などを染める染料、蝋、製紙パルプの原料にもなり、ほうきにしたり、燃料としても利用できたりするすぐれものです。

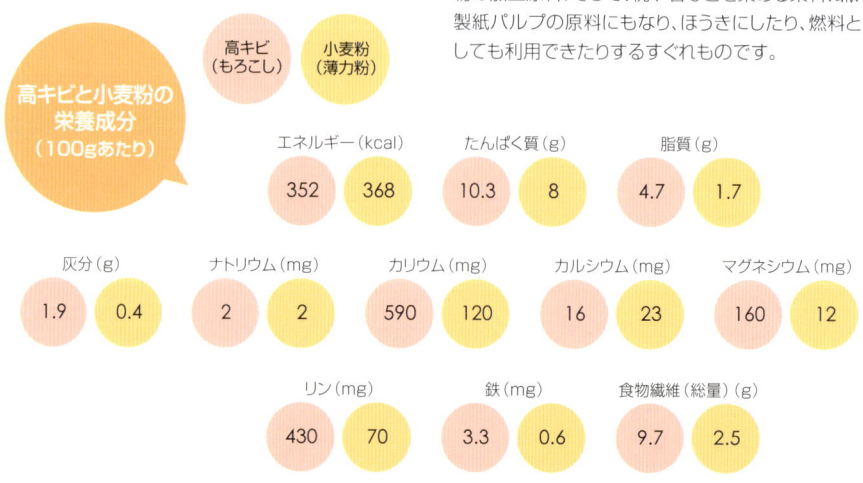

高キビと小麦粉の栄養成分(100gあたり)

	高キビ(もろこし)	小麦粉(薄力粉)
エネルギー(kcal)	352	368
たんぱく質(g)	10.3	8
脂質(g)	4.7	1.7
灰分(g)	1.9	0.4
ナトリウム(mg)	2	2
カリウム(mg)	590	120
カルシウム(mg)	16	23
マグネシウム(mg)	160	12
リン(mg)	430	70
鉄(mg)	3.3	0.6
食物繊維(総量)(g)	9.7	2.5

参考文献:文部科学省 科学技術・学術審議会 資源調査分科会報告「五訂増補日本食品標準成分表」

高キビ粉

ほのかな渋みがうまい 高キビ粉の特徴

　アフリカ生まれの雑穀、高キビの粒をひいて粉にしたものです。色は紫がかった薄茶色で、火を通すと色が濃くなります。高キビはモチ種なので、もち米代わりにも使える粉です。

　小麦粉に2割くらい加えると、いつものおやつやパンがパープルカラーに変身。さっくり、もっちりした独特の食感と甘みが加わって、香ばしい独特の風味が楽しめます。

　昔のスペシャルおやつに、高キビ団子のお汁粉というものがありました。熱湯で練った高キビ粉を団子にして煮えやすいように真ん中をくぼませ、塩味で煮た小豆のお汁粉に入れて煮ると、小豆も団子もなぜか甘くなる楽しみのおやつだったそうです。

　現代版高キビ粉スイーツは、小麦粉に高キビ粉を加えて楽しむクッキーやパイ、パンなど、レシピが豊富なうえ、色もきれいになり甘みも増して、栄養も満点です。

　グルテンを含まないので、小麦アレルギー対策の粉としても貴重です。

　アフリカでは、トウモロコシが南米大陸から伝わる前は高キビが主食でした。高キビ粉をお湯で煮て、ソバがきのように練り上げたものを「シマ」「ウガリ」とよび、主食として食べてきました。今は、ほとんど白トウモロコシで作られるようになっていますが、高キビは、今なおアフリカ大陸全域で重要な食糧源になっています。高キビで作った方が、味が強く、香ばしく、ずっとおいしいと現地の人は言います。

　韓国でも、高キビ粉を練った生地でアンを包んだ高キビ餅が邪気を払い、子どもの健康を守るおやつとして伝統的に食べられてきました。アトピーにも効果が期待できるということで、韓国には高キビ餅の会という、アトピーの子をもつ親の会があるそうです。

　丈夫で乾燥に強く、収穫量も多いので、アメリカでは、米、小麦、トウモロコシにつぐ第4の作物として研究が進んでいるといいます。

冷え性や貧血症撃退の効果が期待できるヒエ粉の薬効

日本発祥のつぶつぶ「ヒエ」

ヒエは、寒さに強い作物です。そのせいか、雑穀の中でも体をあたためる力が一番強いので、ヒエ粉には体を内側からあたためて冷え性を改善する働きが期待できます。また、鉄分が多いのでアルカリ性の健康な血液のもとになり、貧血症が改善されやすくなります。

ヒエ粉の食物繊維の多さもピカイチです。ヒエ粉には、繊維密度の高い良質のデンプンを主に、植物性たんぱく質と必須脂肪酸が豊富に含まれています。現代食に欠けている亜鉛やマンガンをはじめとする各種ミネラル群、各種ビタミン群、各種抗酸化成分などの微量栄養素も豊富です。

白米とヒエを比較すると、なんと食物繊維は8倍以上、たんぱく質は約1.5倍、脂質は約4倍、ミネラルはカルシウムが1.4倍、マグネシウムが約4倍、鉄分が2倍、という驚異的な食材だということが分かります。玄米とくらべても非常に栄養豊かです。

ヒエは、縄文時代以前から栽培されてきた日本発祥という説が有力な雑穀です。田んぼの雑草のヒエとは別種のものです。石器時代から、人々はヒエを主食にエゴマ、シソ、ヒョウタン、麻、ゴボウなども栽培して、栗、ドングリ、トチなど多彩な植物を食べこなしていたそうです。1960年代になっても、多くの山間地ではヒエが主食の座を保っていました。

先住アイヌ民族は、ヒエを「ピヤパ」とよび、お粥などにして食べていました。彼らの間では、「ヒエは祖先神から贈られた聖なる穀物」という神話が語り伝えられ、ヒエで作るどぶろく「トノト」は儀式に欠かせないものでした。奥州平泉の藤原三代の栄華を支えたのも、ヒエ飯といわれています。

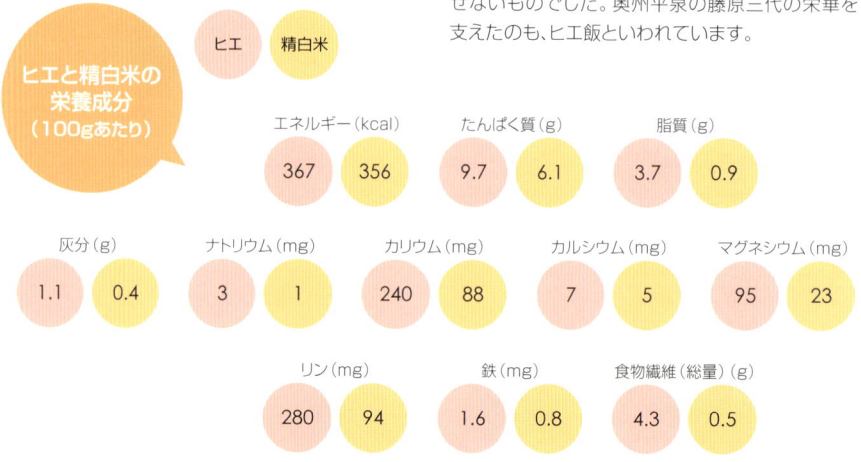

ヒエと精白米の栄養成分(100gあたり)

	ヒエ	精白米
エネルギー(kcal)	367	356
たんぱく質(g)	9.7	6.1
脂質(g)	3.7	0.9
灰分(g)	1.1	0.4
ナトリウム(mg)	3	1
カリウム(mg)	240	88
カルシウム(mg)	7	5
マグネシウム(mg)	95	23
リン(mg)	280	94
鉄(mg)	1.6	0.8
食物繊維(総量)(g)	4.3	0.5

参考文献:文部科学省 科学技術・学術審議会 資源調査分科会報告「五訂増補日本食品標準成分表」

ヒエ粉

ビックリするほど多彩なヒエ粉の特徴

　色は深みのあるオフホワイト。日本生まれの雑穀ヒエの粒をひいて粉にしたものです。味わいはクセがなく、ミルキーなコクと風味のあるおいしい粉です。

　小麦粉に2割くらい加えるだけでいつものおやつやパンに、さっくり感としっとり感という、相反する2つの食感が加わって、おいしさが数倍高まります。そして、なによりも日本人の味覚に合うおいしさです。

　ヒエ粉入りのスイーツやパンを食べると、口の中にふんわりした深い香ばしさが広がり、ヒエのデンプンのなつかしい甘さが五感に心地よく響きます。

　おいしいだけではありません。気がつくと、なんだか体の中があたたかくなっています。気分もいつの間にか前向きに！ ヒエには、体の働きを高めるといわれる栄養がぎっしり詰まっているのです。

　また、グルテンを含まないので、小麦アレルギー対策の粉としても貴重です。

　ヒエ粉には、脂肪分とたんぱく質が多いので、ヒエ粉を使うと、うま味とコクのあるスイーツやパンが作れます。小麦粉に混ぜても色が変わらないので、子どもたちに気づかれずに雑穀入りのおやつを食べさせることができるのでとても便利です。

　また、ヒエ粉を使っているうちに気がついたことですが、ヒエ粉にはくず粉のような性質があります。小麦粉と違って、ダマになることがなく簡単に水に溶けます。かき混ぜながら煮るだけでとろみがでて、なめらかでコクと風味のあるクリームになります。風味とうま味とコクの点ではくず粉よりも魅力的な食材です。

　ヒエ粉の冷えると固まる力を利用すると、ゼラチンも卵も使わずに、プリンもパンナコッタもババロアも作れます。

Recipes 3
雑穀粉の風味を楽しむ洋菓子いろいろ
- 50 柿とみかんのヒエ粉クランブル
- 51 フルーツフリッター
- 52 かぼちゃのスコーン&リンゴのスコーン
- 54 スティックビスケット
- 55 コーンのボールドーナッツ
- 56 ソバクレープ
- 57 ヒエキャラメル
- 58 エゴマ入りヒエボール
- 59 ヒエごませんべい
- 60 **COLUMN 2**　雑穀粉いろいろ

Recipes 4
雑穀粉の風味を楽しむ和菓子いろいろ
- 62 包み蒸しまんじゅう&コロコロ蒸しまんじゅう
- 64 高キビ白玉
- 65 高キビ串団子
- 66 ヒエ粉の味噌あん柏餅
- 68 味噌あんきんつば

Recipes 5
雑穀粉で作る天然酵母パン
- 70 オーブンで焼くヒエ粉&五穀ごはんパン
- 72 オーブンで焼く雑穀高キビパン
- 74 高キビバーガー
- 76 五穀入りヒエ粉のナン
- 77 五穀ナンピザ
- 78 高キビ粉の薬膳蒸しパン
- 80 高キビ粉パンの油条

- 82 つぶつぶInformation
- 86 おわりに

本書で使用している計量の単位
1カップ…200cc　1合…180cc
大さじ1…15cc　小さじ1…5cc

CONTENTS

Recipes 1
つぶプル バリエーション
22 つぶプルプディング
23 ぶどう色のプチスイーツ
24 つぶプルブラマンジェ
26 フルーツババロア
27 ココナッツつぶプル
28 つぶプルかぼちゃスフレ
29 つぶプルとさつまいもの焼き菓子
30 つぶプルフリッター

3 はじめに
6 ヒエ粉
8 高キビ粉
10 ヒエ粉で作るノンエッグ・カスタード
　「つぶプルクリーム」
16 つぶプルムース
18 つぶプルonアップルフランベ
19 つぶプルサバラン
20 フルーツつぶプル

Recipes 2
雑穀粉で作るクッキー&パイ
32 クッキーいろいろ
34 木の実の雑穀パイ
36 つぶプル雑穀タルト
38 レモンパイ
40 つぶプルサンド
41 ノンエッグタルト
42 アップルカスタードパイ
44 つぶプル揚げパイ
46 干し柿とアワ粉のクランブルパイ
48 **COLUMN 1** 粉の甘さとおいしさを自然海塩で引き出す

はじめに

香ばしい！　しっとりしている！　コクがある！

小麦粉に2割の雑穀粉を混ぜるだけで
いつものおやつやパンが大変身。
雑穀粉があれば、
卵やバターや生クリームを使わなくても
コクとうま味のあるスイーツが作れるって知っていますか。
雑穀粉があれば、砂糖がなくても
甘いスイーツが作れるって知っていますか。
素材の味わいが語りかける感動的なスイーツです。
おいしいだけでなく、
繊維もミネラルもビタミンもたっぷりの
体の働きを高める栄養満点のスイーツです。
雑穀粉があれば、ガマンとも不安ともさようなら！
大いばりで甘いものを楽しめます。